Ramge | Mensch und Maschine

W0187863

Thomas Ramge

Mensch und Maschine

Wie Künstliche Intelligenz und Roboter
unser Leben verändern

Mit 8 Abbildungen von Dinara Galieva

Reclam

Für meine Mutter

7. Auflage

RECLAMS UNIVERSAL-BIBLIOTHEK Nr. 19499
2018 Philipp Reclam jun. GmbH & Co. KG,
Siemensstraße 32, 71254 Ditzingen
Gestaltung: Cornelia Feyll, Friedrich Forssman
Druck und Bindung: Kösel GmbH & Co. KG,
Am Buchweg 1, 87452 Altusried-Krugzell
Printed in Germany 2019
RECLAM, UNIVERSAL-BIBLIOTHEK und
RECLAMS UNIVERSAL-BIBLIOTHEK sind eingetragene Marken
der Philipp Reclam jun. GmbH & Co. KG, Stuttgart
ISBN 978-3-15-019499-7

Auch als E-Book erhältlich

www.reclam.de

Inhalt

Einleitung
Der Kitty-Hawk-Moment – Warum jetzt alles ganz schnell gehen wird

1901 habe ich zu meinem Bruder Orville gesagt:
Menschen werden in 50 Jahren noch nicht fliegen.
Wilbur Wright, Flugpionier

Eine Million Dollar Preisgeld. Für 241 Kilometer Strecke auf einem abgesperrten Militärgelände in der Mojave-Wüste im US-Bundesstaat Kalifornien. Das waren die Bedingungen beim ersten DARPA Grand Challenge des US-Verteidigungsministeriums für autonome Fahrzeuge im Jahr 2004. Rund hundert Teams traten an. Das beste blieb nach 14 Kilometern stecken; alle anderen scheiterten noch schneller. Acht Jahre später, 2012, gibt Google eine unscheinbare Pressemitteilung heraus: Seine Roboter-Fahrzeuge, bekannt aus Youtube-Filmchen, hätten bereits Hunderttausende Kilometer unfallfrei im Straßenverkehr zurückgelegt. Inzwischen sind Tesla-Fahrer Millionen von Meilen im Autopilot gefahren. Zwar müssen Fahrer in kniffligen Situationen immer mal wieder das Steuer übernehmen, worauf der Autopilot sie rechtzeitig hinweist. Aber ein scheinbar unlösbares Problem ist im Grundsatz gelöst. Der Weg zum vollautomatischen Vehikel für die Massen ist gut ausgeschildert.

Künstliche Intelligenz (KI) erlebt gerade ihren Kitty-Hawk-Moment. Den KI-Forschern ergeht es wie den Pionieren des Motorflugs. Jahrzehntelang sind sie immer wieder gescheitert, nach vollmundigen Ankündigungen ein ums andere Mal abgestürzt. Doch dann gelingt den Brüdern Wright in Kitty Hawk im US-Staat North Carolina der Durchbruch. Die Technologie hebt ab und plötzlich klappt, was vor wenigen Jahren nur eine großsprecherische Behauptung war. Seit rund drei Jahren können Computerprogramme menschliche Gesichter deutlich zuverlässiger erkennen als die meisten Menschen. Bei der Diagnose bestimmter Krebszellen sind Rechner heute schon genauer als die besten Ärzte der Welt – geschweige denn als durchschnittliche Ärzte in einem Provinzkrankenhaus. Computer schlagen den Menschen nicht nur im intuitiven Brettspiel Go, seit Januar 2017 ist amtlich: Sie bluffen auch besser als die besten Pokerspieler der Welt. Bei der japanischen Versicherung Fukoku Mutual prüft das IBM-System Watson die Rückerstattungsansprüche der Versicherten. Bei Bridgewater, dem größten Hedgefonds der Welt, entscheiden Algorithmen nicht nur über Investitionen. Ein mit umfangreichen Mitarbeiterdaten gefüttertes System wird zum Robo-Boss: Es kennt die wahrscheinlich beste Geschäftsstrategie, die beste Zusammensetzung eines Teams für bestimmte Aufgaben, und es gibt Empfehlungen zu Beförderungen und Entlassungen.

KI ist die nächste Stufe der Automatisierung. Schweres Gerät erledigt schon seit Langem die schmutzige Arbeit. Fertigungsroboter wurden seit den 1960er Jahren immer geschickter. IT-Systeme halfen bis dato vor allem bei den Routineschleifen der Wissensarbeit. Sie erleichtern die Buchhaltung, rechnen im Auftrag des Menschen oder verarbeiten Texte. Doch mit Künstlicher Intelligenz treffen jetzt Maschinen komplexe Entscheidungen, die bisher nur Menschen treffen konnten. Oder genauer formuliert: Wenn Datengrundlage und Entscheidungsrahmen stimmen, entscheiden KI-Systeme besser, schneller und billiger als LKW-Fahrer, Sachbearbeiter, Verkäufer, Ärzte, Investmentbanker oder Personal-Manager.

Zwanzig Jahre nach dem ersten Motorflug in Kitty Hawk war eine neue Industrie entstanden. Die Luftfahrt sollte die Welt alsbald grundlegend verändern. Bei Künstlicher Intelligenz könnte es ähnlich laufen. Sobald aus Daten lernende Maschinen in einem bestimmten Bereich besser, billiger und schneller entscheiden als Menschen, ist ihr Siegeszug in diesem Bereich nicht aufzuhalten. Eingebaut in physische Maschinen wie Autos, Roboter oder Drohnen, schalten sie bisheriger Automatisierung in der anfassbaren Welt den Turbo zu. Miteinander vernetzt werden sie zu einem Internet der intelligenten Dinge, die zusammenarbeiten können.

Gil Pratt, der Leiter des Toyota Research Institutes, schlägt einen noch größeren historischen Bogen als in die Dünen der Outer Banks von Kitty Hawk. Pratt vergleicht die jüngsten Fortschritte in der KI mit der Kambrischen Explosion in der Evolutionsgeschichte vor 500 Millionen Jahren. Nahezu alle Tierstämme haben ihren Ursprung in dieser Zeit und es begann eine Art evolutionäres Wettrüsten, unter anderem, weil erste Arten die Fähigkeit zu sehen entwickelten. Mit Augen ließen sich neue Lebensräume erobern und biologische Nischen erschließen. Die Artenvielfalt explodierte. Die Analogie zur digitalen Bilderkennung mit KI liegt nahe. Erik Brynjolfsson und Andrew McAfee vom Massachusetts Institute of Technology führen den Vergleich mit der Frühphase der Evolution weiter: »KI wird eine Vielzahl neuer Produkte, Dienstleistungen, Prozesse und Organisationsformen hervorbringen und zugleich viel Bekanntes aussterben lassen. Und es wird sicher einige seltsame Irrwege der technischen Evolution geben und völlig unerwartete Erfolge.«

KI-Forscher und die Hersteller von lernenden Software-Systemen haben zurzeit mächtig Oberwasser. Startups mit Kapitalbedarf neigen dazu, jeder digitalen Anwendung das Label Künstliche Intelligenz aufzukleben. Dies geschieht oft unabhängig davon, ob das System tatsächlich aus Daten und Beispielen lernt und seine Lernerfahrungen abstrahieren kann, oder de facto klassisch programmiert ist und eher stupiden Programm-Anweisungen folgt. KI verkauft, aber viele Käufer –

Forschungsförderer, Investoren oder Verbraucher – können die technische Funktionsweise des Produkts nur schwer einschätzen. Künstliche Intelligenz umgibt zurzeit eine magische Aura. Das ist nicht zum ersten Mal der Fall.

Die Künstliche Intelligenz hat schon mehrere Hype-Zyklen durchlaufen: Großen Versprechen folgten immer wieder Phasen mit großen Enttäuschungen. In den sogenannten »KI-Wintern« kamen dann selbst bei glühenden Anhängern Zweifel auf, ob sie nicht Hirngespinsten nachrannten, angetrieben von den Visionen der Science Fiction-Autoren, die sie in ihrer Jugend verschlungen hatten.

Bei aller nötigen Vorsicht lässt sich heute sagen: In den letzten Jahren hat die Künstliche Intelligenz-Forschung Nüsse geknackt, an denen sie sich seit Jahrzehnten die Zähne ausgebissen hat. Ein interessanter Zug des Menschen in diesem Zusammenhang ist: Er sieht Maschinen vor allem als intelligent an, wenn sie neue Problemlösungsfähigkeiten erwerben. Wenn eine Maschine besser multipliziert als ein Rechengenie, schlauer Schach spielt als der amtierende Weltmeister oder uns zuverlässig den Weg durch die Stadt weist, sind wir für kurze Zeit beeindruckt. Doch kaum sind Taschenrechner, Schachcomputer oder Navigations-App günstige Massenprodukte, empfinden wir die Technologie als banal. Nehmen unsere eigenen Fähigkeiten zu, dann neigen wir hingegen individuell und kollektiv zu einer deutlich großzügigeren Bewertung.

Die Lernkurve der Maschinen scheint zurzeit deutlich steiler als jene des Menschen. Das wird das Verhältnis von Mensch und Maschine grundlegend verändern. Die Euphoriker im Silicon Valley wie der Erfinder, Autor und Google-Forscher Ray Kurzweil sehen darin den Schlüssel zur Lösung aller großen Probleme unserer Zeit. Apokalyptiker wie der Oxford-Philosoph Nick Bostrom fürchten dagegen die Machtübernahme der Maschinen und das Ende der Menschheit. Extrempositionen sorgen für Schlagzeilen. Für ihre Vertreter sind sie ein gutes Geschäft auf dem Markt für Aufmerksamkeit. Dennoch sind sie wichtig, weil sie viele Menschen dazu bringen, sich mit Künstlicher Intelligenz näher zu beschäftigen.

Wer die Chancen und Risiken einer neuen Technologie erkunden möchte, muss zunächst die Grundlagen verstehen. Er muss verständliche Antworten auf die Fragen finden: Was ist Künstliche Intelligenz überhaupt? Was kann sie heute und in absehbarer Zeit? Und welche Fähigkeiten muss der Mensch weiterentwickeln, wenn Maschinen immer intelligenter werden und den Menschen zu überflügeln sich anschicken? Nach Antworten auf diese Fragen sucht dieses Buch.

I. Die nächste Stufe der Automatisierung: Maschinen treffen Entscheidungen

Intelligenz ist das, was wir benutzen,
wenn wir nicht wissen, was wir tun sollen.
Jean Piaget, Biologe und Entwicklungspsychologe

Erkennen, Erkenntnis, Handlung

Der Tesla fährt im Autopilot-Modus mit 130 Kilometern pro Stunde auf der linken Spur der Autobahn. Auf der rechten Spur fahren mehrere Lastwagen mit 90 km/h. Der Tesla nähert sich der Kolonne. Der letzte LKW setzt links den Blinker und will überholen. Der Autopilot muss eine komplexe Entscheidung treffen. Soll der Tesla mit gleicher Geschwindigkeit weiterfahren oder gar beschleunigen, um auf jeden Fall den Laster passiert zu haben, bevor dieser eventuell die Fahrbahn wechselt? Sollte er hupen, um den LKW-Fahrer zu warnen? Wäre das in dieser Situation erlaubt? Oder soll der Tesla bremsen und dem LKW das Überholmanöver höflich erlauben, auf Kosten der Reisegeschwindigkeit, aber zugunsten der Sicherheit? Wobei bremsen freilich nur dann sicher wäre, wenn von hinten kein von Testosteron gesteuerter Sportwagenfahrer mit zwei Metern Abstand drängelt.

Noch vor wenigen Jahren hätten wir diese Entscheidung unter keinen Umständen einer Maschine anvertraut – und dies vollkommen zu Recht. Die Technologie hatte noch nicht unter Beweis gestellt, dass sie uns statistisch gesehen mit höherer Wahrscheinlichkeit sicher ans Ziel bringt, als wenn wir selbst mit erlernter Regelkenntnis, Erfahrungswissen, den Fähigkeiten zur Antizipation von menschlichem Verhalten und unserem berühmten Bauchgefühl hinter dem Steuer sitzen.

Teslafahrer delegieren schon heute während des Fahrens viele Entscheidungen an die Maschine. Das ist nicht ohne Risiko. Autonomes Fahren funktioniert bei Weitem nicht perfekt, weder bei Tesla, Google oder den traditionellen Autobauern wie Mercedes, Audi, Nissan, Hyundai oder Volvo, die mit Hochdruck an Autopilot-Systemen arbeiten, aber viele ihrer Funktionen aus Sicherheitsgründen noch nicht freigeschaltet haben. Bei gutem Wetter und auf klar markierten Autobahnen sind Maschinen bereits heute nachweislich die besseren Fahrer. Es ist eine Frage der Zeit, bis dies auch in der Stadt oder bei Nacht und Nebel der Fall ist oder eine Maschine bei Blitzeis die Entscheidung trifft, gar nicht zu fahren, weil das Risiko schlicht zu hoch ist. Ein altes Bonmot in der KI-Forschung lautet: Maschinen fällt leicht, was Menschen schwerfällt, und umgekehrt. Autofahren mit seinen abertausend kleinen, aber dennoch komplexen Entscheidungssituationen während einer Fahrt war Computern bisher nicht möglich. Warum ändert sich das gerade? Abstrakt gesprochen lautet die Antwort: Weil aus Daten lernende Software in Verbindung mit steuerungsfähiger Hardware den Dreischritt von Erkennen, Erkenntnis und Umsetzung in eine Handlung immer besser beherrschen.

Im konkreten Beispiel des Teslas und des blinkenden LKWs bedeutet dies: GPS-System, hochauflösende Kameras, Laser- und Radarsensoren sagen dem System nicht nur genau, wo sich das Auto befindet, wie schnell der Laster fährt, wie die Straße beschaffen ist und ob es rechts noch eine Notspur gibt. Die Bilderkennungssoftware des Systems identifiziert zudem zuverlässig, dass es der Laster ist, der blinkt und nicht eine Baustellenleuchte. Diese Fähigkeit des Erkennens haben Computer erst vor wenigen Jahren erworben. Die besten von ihnen können heute unterscheiden, ob auf der Straße ein Papierknäuel liegt, den das Fahrzeug getrost überfahren kann, oder ein Steinbrocken, dem es ausweichen muss.

Alle visuellen (und sonstigen sensorischen) Daten fließen in einen kleinen Supercomputer im Fahrzeug ein, zusammengesetzt aus vielen Rechenkernen und Grafikkarten. Die Recheneinheit muss die Informationen in Sekundenbruchteilen sortieren und dabei in Echtzeit gewonnene Daten, bereits gesammelte Daten und einprogrammierte Regeln miteinander abgleichen. Das Tesla-System weiß in diesem Moment, dass es Vorfahrt hat. Ihm wurde die Verkehrsregel mit auf den Weg gegeben, dass der Lasterfahrer nur ausscheren und überholen darf, wenn von hinten keiner kommt. Geschult durch maschinelle Lernerfahrung aus vielen Milliarden Meilen im Straßenverkehr – den sogenannten Feedbackdaten – weiß das System aber auch: LKW-Fahrer halten sich nicht immer an Verkehrsregeln. Es gibt eine signifikante Wahrscheinlichkeit, dass der Laster ausschert, obwohl der Tesla von hinten anrollt, und dass es keineswegs im Interesse seiner Passagiere ist, wenn ein Robo-Auto auf der Straßenverkehrsordnung beharrt, aber dabei einen schweren Unfall riskiert.

Aus Situation, Regeln und Erfahrung leitet das System eine Erkenntnis ab, nämlich die beste Möglichkeit aus vielen errechenbaren Szenarien, einen Unfall zu vermeiden und dennoch zügig voranzukommen. Im Kern handelt es sich dabei um eine kognitive Entscheidung, also die Auswahl einer Handlungs-Option unter vielen. Die beste Lösung des Problems ist das Ergebnis einer Wahrscheinlichkeitsrechnung, in die viele Variablen einfließen.

Ein teilautomatisches Fahrassistenz-System bietet seine Erkenntnis dem Fahrer nur als Entscheidungsgrundlage an, zum Beispiel, indem es mit einem Piepton vor dem Laster warnt, wenn dieser nicht nur den Blinker gesetzt hat, sondern wenn kleine Schlingerbewegungen darauf hindeuten, dass der Fahrer nun tatsächlich gleich das Lenkrad nach links dreht. Der Mensch kann dann dem maschinellem Rat folgen oder ihn ignorieren. Ein Autopilot, der seinen Namen verdient, setzt die Erkenntnis dann direkt in eine Handlung um. Er bremst oder hupt oder fährt stoisch weiter. Der Computer kann die Entscheidung umsetzen, weil ein autonomes Fahrzeug ein hochentwickeltes cyber-physisches System ist. Das digitale System steuert die Funktionen der physischen Maschine wie Gas, Bremse und Lenkung mit großem Geschick. Autopiloten eines Airbus können bei normalen Bedingungen präziser starten oder landen als jeder Flugpilot in Uniform. Bei einem rein digitalen System, einem Trading-Bot für Hochfrequenzhandel beispielsweise, erfolgt die Umsetzung der Entscheidung naturgemäß rein digital, aber das Automatisierungs-Prinzip ist das gleiche: Muster erkennen in Daten. Erkenntnis durch Statistik und Algorithmen ableiten. Umsetzung der Erkenntnis in eine Entscheidung durch eine technische Routine. Die Maschine drückt den Kaufknopf.

Polanyis Paradox

Zur Natur künstlich intelligenter Systeme gehört, dass sie die Auswirkungen ihrer Entscheidungen messen und die Ergebnisse in künftige Entscheidungsfindung einbeziehen. Sie entscheiden mit Feedback-Schleifen. Wenn der Tesla in der beschriebenen Situation einen Unfall baut, funkt es dieses Feedback zurück in den Zentralrechner, und alle anderen Teslas werden nach dem nächsten Software-Update in vergleichbaren Situationen (hoffentlich) deutlich defensiver fahren. Verzeichnet eine KI-Software zur Kreditvergabe zu viele Ausfälle, die es selbst autorisiert hat, wird es die Kriterien für kommende Kreditbewerber verschärfen. Wenn eine Ernte-Maschine die Rückmeldung erhält, zu viele unreife Äpfel zu pflücken, wird es beim nächsten Durchgang besser entscheiden können, ob ein bestimmtes Verhältnis der Färbung aus rot und grün auf der Apfeloberfläche ausreicht, um zuzugreifen. In dieser Fähigkeit, die eigenen Berechnungen und die Einordnung ihrer Ergebnisse selbstständig zu verbessern, liegt der wesentliche Unterschied zwischen Künstlicher Intelligenz und klassischen IT-Systemen. Die Selbstkorrektur ist im System eingebaut.

Seit den ersten Großrechnern in den 1940er Jahren bedeutete das Programmieren eines Computers: Der Mensch bringt einer Maschine mühsam ein theoretisches Modell bei. Dieses Modell besteht aus bestimmten Regeln, welche die Maschine anwenden kann. Wenn die Maschine die passenden Daten für bestimmte Aufgaben oder Fragen zugefüttert bekommt, kann sie diese dann in der Regel schneller, genauer, zuverlässiger und günstiger lösen als der Mensch. Auch das war im Ergebnis immer beeindruckend, aber im Kern wurde bei klassischer Programmierung existierendes Wissen aus den Köpfen der Programmierer in eine Maschine übertragen. Dieser technische Ansatz hat eine natürliche Grenze. Ein großer Teil unseres Wissens ist implizit.

Wir können zwar Gesichter erkennen, aber wir wissen nicht genau wie. Die Evolution hat uns diese Fähigkeit geschenkt, aber wir haben keine gute Theorie dafür, warum wir unseren Nachbarn oder George Clooney sofort identifizieren können, auch wenn das Licht schlecht und das Gesicht halb verdeckt ist. Es ist auch nahezu unmöglich, eine exakte Beschreibung zu verfassen, wie wir unserem Kind Skifahren oder Schwimmen am besten beibringen. Ein anderes berühmtes Beispiel für implizites Wissen ist die Antwort auf die Frage: Was ist eigentlich Pornografie? Der amerikanische Verfassungsrichter Potter Steward fand darauf im zähen Ringen um eine juristisch wasserfeste Definition nur die verzweifelte Antwort: »Ich weiß es, wenn ich welche sehe.« Dieses Problem hat einen Namen, Polanyis Paradox. Dieses beschrieb bis dato die Grenze, die für

Software-Programmierer unüberwindbar schien. Ohne eine Theorie, die in Regeln übersetzt und aufgeschlüsselt ist, können wir Maschinen unser Wissen und unsere Fähigkeiten nicht weitergeben.

Künstliche Intelligenz löst dieses Paradox auf, indem der Mensch nur die Rahmen setzt, in welchen die Maschine das Lernen lernt. Es gibt unzählige Methoden und Ansätze, die unterschiedliche KI-Schulen unter dem Begriff Künstliche Intelligenz einordnen. Die meisten, wichtigsten und erfolgreichsten allerdings folgen dem Grundprinzip, den Computern weniger Theorie und Regeln vorzugeben, sondern Ziele. Wie sie zu diesem Ziel kommen, lernen Computer in einer Trainingsphase durch viele Beispiele und Feedback, ob sie die vom Menschen gesteckten Ziele erreicht haben.

Oft wird in diesem Zusammenhang die Frage diskutiert: Ist maschinelles Lernen in Feedbackschleifen tatsächlich intelligent? Viele KI-Forscher mögen den Begriff Künstliche Intelligenz nicht besonders, darunter der Präsident des Deutschen Forschungszentrum für (sic) Künstliche Intelligenz. Wolfgang Wahlster interpretiert das Kürzel KI lieber als »künftige Informatik«. Eine große Fraktion der KI-Gemeinde nutzt durchgängig die Bezeichnung *machine learning*.

Starke und schwache KI

Der Begriff Künstliche Intelligenz ist umstritten, seit die Computer-Pioniere um Marvin Minsky ihn 1956 auf ihrer berühmten Dartmouth-Konferenz prägten. Dabei ist die Wissenschaft sich bis heute nicht einmal darin einig, was menschliche Intelligenz genau ausmacht. Kann so ein Begriff dann überhaupt für Maschinen taugen? Diskussionen um Künstliche Intelligenz driften schnell zu sehr grundsätzlichen Fragen ab wie: Ist Denken ohne Bewusstsein möglich? Sind Maschinen bald intelligenter als Menschen, und bilden sie die Fähigkeit aus, sich selbst immer intelligenter zu machen? Und können sie dann unter Umständen ein Selbstbild, ein Bewusstsein und eigene Interessen entwickeln? Die Bewegung der Transhumanisten – eine wilde Mischung aus Techno-Utopisten oft mit esoterischem Einschlag – glaubt oder hofft, dass Menschen und Maschinen irgendwann verschmelzen, sich menschliches Bewusstsein auf Maschinen übertragen lässt und Cyborgs, Mensch-Maschinen, dann die nächste Stufe der Evolution bilden.

Diese Fragen zu sogenannter »starker KI« sind von großer Bedeutung. Die langfristigen Technikfolgen sollten diesmal im Gleichschritt mit der technischen Entwicklung gründlich abgewogen und kontrolliert werden und nicht erst im Nachhinein in Kauf genommen werden, wie im Fall des Verbrennungsmotors. Das letzte Kapitel dieses Buchs reißt diese Fragen an. Mein Hauptanliegen ist es allerdings, einen Überblick über das technisch heute Mach- und Absehbare zu geben, über die sogenannte »schwache KI«. Dabei hilft eine pragmatische Definition des Begriffs.

Die Unterscheidung zwischen starker und schwacher KI hat der US-amerikanische Sprachphilosoph John Robert Searle vor rund vier Jahrzehnten vorgeschlagen. Starke KI ist bis auf Weiteres Science Fiction. Schwache Künstliche Intelligenz hingegen ist im Hier und Jetzt am Werk, wenn ein Computersystem Aufgaben übernimmt, von denen man noch bis vor Kurzem dachte: Das kann nur ein Mensch erledigen, der in irgendeiner Form auch seinen Kopf anstrengen muss. Oft geht es dabei um althergebrachte Aufgaben der Wissensarbeit, Fallbearbeitung in Versicherungen zum Beispiel oder das Schreiben von Nachrichten- oder Sportmeldungen. Eingebettet in physische Maschinen macht KI nicht nur Autos, sondern Fabriken, landwirtschaftliches Gerät, Drohnen oder Rettungs- und Pflegeroboter funktionstüchtiger. Es gibt immer wieder Parallelen zu menschlichem Verhalten, aber zu einem pragmatischen Verständnis von KI gehört, dass die schlauen Maschinen die Vorgehensweise des Menschen beim Lösen der Aufgaben nicht imitieren müssen – und schon gar nicht die biochemischen Vorgänge im menschlichen Gehirn. Sie verfügen in der Regel über die Fähigkeit, eigenständig mathematische Lösungswege zu erkunden, ihnen dafür vorgegebene Algorithmen zu verbessern oder gar eigenständig Algorithmen zu entwickeln. Das Ergebnis ist dann, dass die Maschine den Job besser, schneller oder günstiger erledigt als der Mensch. Je größer wiederum die Überlegenheit der Maschine über menschliche Problemlöser ist, desto schneller verbreiten sich die Systeme. Dies geschieht allerdings nicht zu Null-Grenzkosten nach dem Prinzip, eine digitale Kopie kostet nichts, wie die Apostel der digitalen Revolution behaupten. Digitale Technologie ist teuer, und das wird auch noch eine Weile so bleiben. Aber empirisch nachweisbar ist: Die Zyklen der Einführung und Verbreitung neuer Technologien werden kürzer.

Kulturelle Haltungen beschleunigen oder verlangsamen die Akzeptanz von Innovationen. In Europa sind Roboter Feinde, in Amerika Diener, in China Kollegen und in Japan Freunde. Aber langfristig wirkt überall die Kraft des *return on investment*, also der Rendite auf das investierte Kapital. Diese Rendite misst sich oft, vielleicht meistens, in Geld. Wenn Amazon in kleine Shops in Innenstädten ohne menschliche Verkäufer investiert, bei denen Kameras, Sensoren und RFID-Chips automatisch addieren, was im Einkaufskorb landet, muss es x Millionen Dollar in automatische Regal- und Kassensysteme investieren, spart aber y Millionen Personalkosten, was sich in z Monaten oder Jahren rechnet. Doch wenn das New York Genome Center mithilfe von IBM Watson das Erbgut von Patienten in zehn Minuten analysieren kann, um eine voraussichtlich wirksame Therapie vorzuschlagen, und wenn hochqualifizierte Ärzte für die gleiche Analyse 160 Stunden brauchen, misst sich die Rendite nicht in Dollar, sondern in geretteten Menschenleben.

»Künstliche Intelligenz wird die Welt verändern wie der elektrische Strom.« Dieser Satz steht in vielen Artikeln und Studien zu KI. In Zeiten technologischer Paradigmenwechsel sind Experten-Orakel – besonders die euphorischen – mit Vorsicht zu betrachten. Die Zukunft lässt sich aus den Daten der Vergangenheit nur halbwegs zuverlässig vorhersagen, wenn sich nichts Grundsätzliches ändert. Die Digitalisierung schafft hier selbst ein interessantes Paradox. Mehr Daten und Analytik erhöhen die Prognosefähigkeit des Menschen. Doch der radikal verändernde Charakter der digitalen Technologie schafft unberechenbare Veränderung. Dennoch bewegen wir uns auf sicherem Grund mit der Vermutung: Intelligente Maschinen werden in den kommenden zwei Jahrzehnten unser Leben, die Wirtschaft und die Arbeitswelt und unsere Gesellschaften gründlich durcheinanderwirbeln. Die Analogie zur Einführung des elektrischen Stroms stimmt insofern, als aus Daten lernende Systeme eine Querschnittstechnologie sind. Sie wirkt wie der Verbrennungsmotor, die Entwicklung von Kunststoffen oder das Internet in viele Bereiche hinein und schafft zugleich die Voraussetzung für Innovationen, von denen wir heute noch keine Vorstellung haben können, wie sie aussehen und was sie verändern werden.

Der elektrische Strom ermöglichte die effiziente Eisenbahn, das Fließband, Licht in Bibliotheken, das Telefon, die Filmindustrie, die Mikrowelle, Computer und die batteriegetriebenen Erkundungsmissionen eines Mars-Rovers durch unwegsames, extraterrestrisches Gelände. Ein modernes Leben ohne Strom ist nicht vorstellbar. Niemand weiß heute, ob die Querschnittstechnologie Künstliche Intelligenz eine ähnlich große

Wirkung haben wird. Andrew Ng, Professor in Stanford und ehemaliger Leiter der KI-Teams bei Google und Baidu, antwortet auf die Frage, welche Branchen KI durchdringen wird: »Es ist wohl deutlich einfacher, die Branchen aufzuzählen, bei denen KI nicht zum Fortschritt beitragen kann.« Das ist eigentlich keine Aussage mehr, die sich auf die Zukunft bezieht. Sie beschreibt die Gegenwart, im Guten wie im Bedenklichen.

Rage against the machine?

Es kann heute niemand voraussagen, ob künstlich intelligente Systeme vor allem menschliche Arbeitsplätze vernichten werden oder ob sie in zweiter Welle mehr neue Arbeit schaffen, wie dies bei früheren technologischen Umbrüchen immer der Fall war. Die Maschinenstürmer des frühen 19. Jahrhunderts zertrümmerten mit Vorschlaghämmern die ersten mechanischen Webstühle Mittelenglands. *Rage against the machine!* Macht kaputt, was Euch kaputt macht. Ihre Wut half ihnen wenig. Die Produktivität und das Bruttoinlandsprodukt stiegen zwar schnell an, doch für sie selbst verschlechterten sich die Arbeitsbedingungen. Es dauerte Jahrzehnte, bis die Automatisierungsrendite bei ihren Kindern und Enkeln in Form höherer Löhne und besserer sozialer Absicherung ankam. Die Maschinenstürmer wurden zu einer verlorenen Generation eines wirtschaftlichen und sozialen Umbruchs, den der liberale Ökonom David Ricardo unter dem Schlagwort *machinery question* zusammenfasste. Der Historiker Robert Allen benennt die Stagnation der Löhne von 1790 bis 1840 mit dem fast literarischen Begriff »Engels' Pause« – eine Anspielung an die Schriften Friedrichs Engels aus der Zeit.

Langfristig fand der Fortschritt eine befriedigende Antwort auf die Maschinen-Frage. Die Mechanisierung der Landwirtschaft ersetzte Landarbeiter durch Mähdrescher. Die Industrialisierung erfand dafür nicht nur den Beruf des Maschinenbauers, der unter anderem Mähdrescher baute. Sie zog sich auch Heere von Buchhaltern heran und brauchte später viele Marketing-Experten, um die Produkte an den Kunden zu bringen, welche die Fabriken mithilfe von Skaleneffekten in immer größeren Stückzahlen immer günstiger in immer besserer Qualität ausspuckten.

Optimistische Studien und Politiker hoffen auf ähnliche Anpassungs- und Zugewinneffekte im Zeitraffer – und diesmal ohne Engels' Pause. Sie gehen davon aus, dass lernende Computersysteme in den nächsten Jahren für erhebliches Wachstum bei Produktivität und Bruttoinlandsprodukten sorgen werden und betonen die Chancen für den Einzelnen, für Unternehmen und Gesellschaften, diesen Produktivitätszuwachs in mehr Bildung und bessere Arbeit zu investieren. Die Unternehmensberatung Accenture rechnet in einer aufwändig recherchierten Studie vor, dass die US-amerikanische Volkswirtschaft bis 2035 mit jährlich 4,6 Prozent dank KI fast doppelt so schnell wachsen kann wie in einem Szenario ohne KI. In Deutschland soll sie das Wachstum gar mehr als verdreifachen, auf 2,7 Prozent jährlich. Die japanische Politik sieht Künstliche Intelligenz und Robotik als einzigartige Möglichkeit, die demografischen Probleme des Landes in den Griff zu bekommen. KI und Robotik sollen das Land endlich aus seiner hartnäckigen Stagflation reißen.

Am besten scheinen die Aussichten für einen wirtschaftlichen Schub durch KI allerdings in China zu sein. Das Land hat alle wichtigen Komponenten für Entwicklung und Einsatz Künstlicher Intelligenz im Überfluss: Kapital, günstige Rechenkapazitäten und kluge Köpfe, die gerade von amerikanischen Universitäten und Startups zurück nach China drängen, aber zunehmend auch an eigenen Universitäten ausgebildet werden. Vor allem jedoch ist China so reich an Feedback-Daten wie Saudi-Arabien an Öl. Rund die Hälfte aller Internetdaten werden von den 700 Millionen chinesischen Nutzern erzeugt und dies vor allem von mobilen Endgeräten, die für lernende Systeme besonders wertvoll sind. Bezogen auf Privatheit und staatliche Kontrolle ist das sehr bedenklich. Rein ökonomisch betrachtet hat China aber die Chance, mit KI-Systemen seinen Aufstieg zur wirtschaftlichen Supermacht weiter zu beschleunigen und damit viele Millionen Menschen aus der Armut herauszuführen.

Gegen diese freundlichen Szenarien stehen lange Listen von Arbeitswissenschaftlern, die vorrechnen, wie hoch der Anteil von Tätigkeiten ist, die durch KI ersetzbar werden. Die niedrigen Kosten dank der enormen Skalen- und Netzwerkeffekte digitaler Technologien, so die düstere Prognose, werden weltweit zu Massenarbeitslosigkeit führen. Die Oxford-Ökonomen Michael Osborne und Carl Benedikt Frey rechneten 2013 vor, dass rund die Hälfte aller Jobs in den USA ernsthaft bedroht ist. Die Studie wurde von Kollegen methodisch stark angezweifelt, aber sie löste eine notwendige Debatte aus. Denn umgekehrt wirkt die Vorstellung naiv, man könne mit ein wenig gutem Willen und staatlichen Weiterbildungsprogrammen für die Verlierer der dritten großen Automatisierungswelle rasch neue und gute Arbeit finden. Schon heute haben viele Menschen in den USA und Europa den Eindruck: Die Digitalisierung spaltet den Arbeitsmarkt in *lovely and lousy jobs*. Angenehme und gut bezahlte für gut ausgebildete Digitalisierungsgewinner, und zwar besonders für jene, welche die Werkzeuge des Datenkapitalismus bauen und bedienen. Der Rest muss bei Regen Pakete ausfahren.

Das Bild ist gewiss überzeichnet, aber der Befund heute ist eindeutig: Die Beschäftigungseffekte von Künstlicher Intelligenz und beschleunigter Robotisierung sind unklar. Alle Prognosen – optimistische wie pessimistische – haben zu viele Wackelkandidaten unter den Variablen ihrer Gleichungen. Wir können schlicht nicht abschätzen, wie gut die nächsten Generationen von KI-Systemen welche Aufgaben übernehmen und mit welcher Dynamik sie sich ausbreiten. Die Unfähigkeit zu solider Prognose ist im Kern eine Frage der Geschwindigkeit. Je schneller sich KI am menschlichen Arbeitsplatz ausbreitet, desto weniger Zeit bleibt dem Menschen für die Anpassung seiner individuellen Qualifikationen und der kollektiven Sicherungssysteme. Eine neue Generation von Automatisierungsverlierern wird dann wahrscheinlicher. Bei aller Unsicherheit in der Vorschau ist allerdings sicher, dass Politiker weltweit bis heute nur wenige kluge Antworten auf die Herausforderungen des nächsten großen Automatisierungsschubs gefunden haben. Wir sind nicht gut vorbereitet auf die Rückkehr der Maschinenfrage.

Der maschinelle Makel

Die für die Menschheit noch drängendere Frage könnte freilich sein: Wird sich eine starke KI, eine Super-Intelligenz entwickeln, die sich autonom und in Feedbackschleifen ein immer besseres Bild von der Welt und sich selbst errechnet? Ein System, »das den Menschen von der Spitze der Denkerkette vertreibt«, wie Nick Bostrom formuliert, der Leiter des Future of Humanity Institute in Oxford. Die Folge wäre: Das superintelligente System wäre vom Menschen nicht mehr kontrollierbar. Und könnte diese Superintelligenz sich gar wie im Science Fiction gegen den Menschen wenden und am Ende die Maschine den Menschen auslöschen?

Die gute Nachricht gleich vorab: Künstlich intelligente Systeme werden den Menschen vorerst nicht unterjochen. Der

Weltuntergang fällt auch diesmal aus. Aber KI-Systeme haben eingebaute Schwächen, die sie anfällig für Fehlentscheidungen machen, ihrem Einsatz Grenzen setzen und uns Menschen in die Pflicht nehmen, ihr algorithmisches Wirken stets kritisch zu hinterfragen. Verblüffend dabei ist, wie menschlich die Schwächen von KI-Systemen wirken. So tendieren auch neuronale Netze zu Vorurteilen, die nicht vom Entwickler einprogrammiert wurden, sondern sich implizit aus den Trainingsdaten ergeben können. Wenn zum Beispiel eine KI-gestützte Kreditvergabe aufgrund der Trainingsdaten zu erkennen meint, dass eine ethnische Minderheit oder Männer über 53,8 Jahre oder Radfahrer mit gelben Helmen und 8-Gang-Schaltung Kredite weniger zuverlässig zurückzahlen, wird sie es bei ihrem Scoring-Modell berücksichtigen – egal ob dies illegal ist oder vollkommen unsinnig. Das erlernte Vorurteil ist umso gefährlicher, weil die Maschine es nicht offenlegt.

Bei Verdacht auf Rassismus wissen wir Menschen wenigstens, worauf wir achten müssen und können sie bewusst korrigieren. Dieses Problem wurde bei einem KI-System identifiziert, das US-Richter bei ihrer Entscheidung unterstützt, ob sie Strafgefangene vorzeitig aus der Haft entlassen können oder die Rückfallgefahr zu hoch ist. Das System benachteiligt, so der Verdacht, Afro-Amerikaner und Hispanics und wurde so zu einem Lehrbuchbeispiel für KI-Systeme mit antrainierten Vorurteilen, oder wie Verhaltensökonomen sagen: mit Bias. Viele Richter nutzen es deshalb nicht mehr. Bei vielen künftigen Anwendungen könnten wir Vorurteile von Maschinen zu spät oder gar nicht erkennen. Wer käme auf die Idee, dass eine Maschine Radfahrer mit gelben Helmen diskriminiert und daher absurde Entscheidungen trifft?

Es gibt in der KI-Szene viele Stimmen, die sich bei KI-Systemen eine Art eingebaute Begründungsfunktion wünschen. Wenn die Maschine eine bestimmte Chemotherapie bei einem bestimmten Patienten empfiehlt, darf es seinen Ratschlag nicht einfach ausspucken wie ein allwissendes Orakel. Es muss dem behandelnden Arzt gegenüber begründen, wie es zu diesem Ergebnis als bester Lösung des Problems gekommen ist. Solche Plausibilitäts- und Erklärfunktionen gibt es bereits in Ansätzen, aber sie treffen auf ein grundsätzliches Problem.

Die Lernvorgänge in neuronalen Netzwerken sind das Ergebnis von Millionen und Abermillionen Verknüpfungen, von denen jede das Ergebnis (genauer die Erkenntnis) ein klein wenig beeinflusst. Die Entscheidungsfindung ist daher so kompliziert, dass die Maschine dem Menschen nicht erklären oder zeigen kann, wie sie zu der Entscheidung »kreditwürdig« oder »nicht-kreditwürdig« gekommen ist. Dieses Phänomen hat fast den Charakter eines Treppenwitzes der Technikgeschichte. Nun unterliegt nicht mehr der Mensch Polanyis Paradox. Die Maschine weiß mehr, als sie dem Menschen erklären kann. Das bedeutet wiederum im Umkehrschluss: Wenn der Mensch merkt, dass ein KI-System Fehler macht, kann er diese Fehler kaum beheben. Die Maschine kann ihm nicht zeigen, wo der Fehler herrührt, denn sie weiß es selbst nicht.

Die Antwort des Menschen auf die Umkehrung des Polanyi Paradoxes kann daher nur die Rückbesinnung auf den Ausgangspunkt der Aufklärung sein: Wir müssen alles kritisch hinterfragen, was die Maschine uns sagt. Mit der Hinwendung zur Vernunft und Wissenschaft hat die Aufklärung die Grundlagen gelegt, die Mitte des 19. Jahrhunderts Charles Babbage den ersten Computer erdenken und Konrad Zuse gut 100 Jahre später den ersten programmierbaren Rechner bauen ließ. Die Verknüpfung der Computer in einem weltweiten Netz durch Tim Berners-Lee vor rund 25 Jahren machte die digitale Riesenmaschine zum mächtigsten Werkzeug, das der Mensch je geschaffen hat. Jetzt lernen Maschinen das Lernen – und wir brauchen mehr Distanz zu ihnen.

Wir müssen verstehen, wann maschinelle Assistenz uns nützt – und in welchen Kontexten sie uns in unserem Denken behindert. Die Automatisierung von Entscheidungen bietet große Chancen für den Einzelnen, Organisationen und für die Gemeinschaften, die wir Gesellschaften nennen. Doch je besser Maschinen Entscheidungen treffen können, desto intensiver müssen wir Menschen uns darüber Gedanken machen, welche Entscheidungen wir an Künstliche Intelligenz delegieren wollen. Denn auch im Zeitalter der Automatisierung von Entscheidungen durch KI gilt: Menschen müssen mit ihren Entscheidungen glücklich werden, Computer nicht. Maschinen werden nie fühlen, was Glück ist.

II. Turings Erben: Eine (sehr) kurze Geschichte der Künstlichen Intelligenz

Der Fortschritt mag ja gut und schön sein,
aber er dauert zu lange.
Ogden Nash, Lyriker

Intelligenztest für Chatbots

»Können Maschinen denken?« Der britische Mathematiker, Kryptograf und Computer-Pionier Alan Turing stellte diese Frage 1950 in seinem legendären Aufsatz *Computing Machinery and Intelligence.* Die kurze Antwort gab er gleich zu Anfang des Textes: So gestellt lässt sich die Frage nicht beantworten, weil der Begriff »Denken« schwer zu definieren ist. Seinen Sinn für die Praxis hatte der Mathematiker Turing bereits im Zweiten Weltkrieg bewiesen. Er hatte maßgeblich zum ersten großen Erfolg der Informatik beigetragen und mit dem Rechnersystem Colossus die Codes der als unüberwindbar geltenden deutschen Verschlüsselungsmaschine Enigma geknackt. Ab diesem Zeitpunkt konnten die Alliierten die Funksprüche des deutschen Kriegsgegners verstehen. Die abstrakte Frage nach den denkenden Maschinen wollte Turing mit einem pragmatischen Test beantworten. Ein Computer sollte als intelligent gelten, wenn er sich über eine elektronische Verbindung mit Menschen schriftlich unterhalten kann und die Menschen am anderen Ende der Leitung nicht wissen, ob sie gerade mit einem Menschen oder mit einer Maschine chatten.

Alan Turing schwebte damals vor, man könne den ersten Test mit einem Fernschreiber als Vermittler durchführen. Derweil war dem Vordenker der modernen Informatik klar, dass seine Versuchsanordnung zunächst ein konzeptionelles Ge-

dankenspiel war – eine Inspiration und ein Ansporn für Forscher mit dem Ziel, den Rechenmaschinen der Zeit mehr beizubringen als reine Rechenroutinen mit immer längeren Zahlenkolonnen. Die ersten Chat-Programme, die sich rudimentär mit Menschen unterhalten konnten, ließen noch rund zwei Jahrzehnte auf sich warten. Aber es ist kein Zufall, dass die Frage nach der denkenden Maschine um das Jahr 1950 wieder auftauchte. Wissenschaft und Technik hatten damals in zweifacher Hinsicht ausreichende Fortschritte dabei erzielt, die Maschinen mit der Fähigkeit zu Frage-Antwort-Spielen in den Bereich des menschlich Denkbaren zu rücken.

Um eine intelligente Maschine bauen zu können, braucht es mindestens zwei Elemente: eine gut ausgestattete Sammlung von logischen Regeln und eine physische Apparatur, die mithilfe dieser Regeln Informationen verarbeiten und daraus logische Schlüsse ziehen kann.

Die Philosophen und Mathematiker Gottfried Wilhelm Leibniz, George Boole, Gottlob Frege, Bertrand Russell und Alfred Whitehead entwickelten den logischen Grundstock der griechischen Antike von der Aufklärung bis ins frühe 20. Jahrhundert weiter. Kurt Gödel zeigte in den 1930er Jahren mit seinen Unvollständigkeitssätzen die Möglichkeiten und auch die Grenzen der Logik auf. Er wies nach, dass es ab einer bestimmten Leistungsfähigkeit in formalen Systemen wie der Arithmetik immer unbeweisbare Aussagen gibt. Die logische Grundausstattung für komplexe Algorithmen – also die in Computersprache formulierten Anweisungen, mit denen Computer die ihnen gestellten Aufgaben lösen – war damit geschaffen.

Alan Turing wiederum wies 1936 nach, dass Rechenmaschinen grundsätzlich jedes Problem lösen können, das durch einen Algorithmus lösbar ist. Sein theoretisches Modell dazu wurde später Turingmaschine genannt. Das ist insofern ein wenig verwirrend, als die Turingmaschine kein physisches Objekt ist, sondern ein mathematisches. Was fehlte, war eine Maschine, die das Modell anwenden konnte. Sie ließ nicht lange auf sich warten. 1941 gelang dem deutschen Ingenieur Konrad Zuse der Durchbruch. Mit dem Z3 schuf er den ersten programmierbaren, vollautomatischen, digitalen Computer, konzipiert, um mit binärem Code aus Nullen und Einsen Flatterbewegungen bei Flugzeugen zu berechnen. Diese visionäre Rechenmaschine wurde 1944 bei einem Bombenangriff zerstört. Der digitale Fortschritt kam fortan in den USA am schnellsten voran. 1946 wird der Electronic Numerator Integrator and Computer (ENIAC) der Öffentlichkeit präsentiert. Forscher hatten ihn seit 1942 an der University of Pennsylvania entwickelt. Das US-Militär nutzte ihn in den letzten Kriegsjahren, kriegsentscheidend war er nicht.

Als Turing 1950 das Projekt der denkenden Maschinen in seinen berühmten Frage-Antwort-Test umformulierte, berechneten die ENIAC-Nachfolger bereits zuverlässig ballistische Flugbahnen. Ausgestattet mit großzügigen Budgets aus dem Verteidigungshaushalt, erhöhten Forscher und Entwickler in Universitäten und Unternehmen zügig die Rechenleistung und schufen damit die Hardware-Voraussetzungen für das erste KI-Programm, vorgestellt auf der Konferenz, die der jungen Forschungsdisziplin überhaupt erst ihren Namen gab.

Kickoff in Dartmouth

Im Sommer 1956 trafen sich knapp zwei Dutzend Mathematiker, Informationstheoretiker, Kybernetiker, Elektronik-Ingenieure, Psychologen und Ökonomen beim Dartmouth Summer Research Project on Artificial Intelligence. Ihr Ziel hatten sie im Förderantrag für die Rockefeller-Stiftung im US-Bundesstaat New Hampshire beschrieben: »Lernen und alle anderen Merkmale der Intelligenz so genau zu beschreiben, dass mit diesen Erkenntnissen eine Maschine gebaut werden kann, die diese Vorgänge simuliert.« Die Teilnehmer waren sich einig, dass Denken außerhalb des menschlichen Kopfes möglich ist. Man müsse nur die Geheimnisse hinter den »neuronalen Netzen« im menschlichen Gehirn lüften, dann könne man auch ein elektronisches Gehirn konstruieren. Die Geisteshaltung der Konferenzteilnehmer beruhte dabei auf einem zweihundert Jahre alten Konzept des französischen Philosophen Julien Offray de La Mettrie: Der Mensch als Maschine. Über den Weg dorthin wurde zwei Monate heftig debattiert. Vor lauter Streit über konzeptionelle Fragen ging auf der Konferenz fast unter, dass Allen Newell, Herbert A. Simon und Cliff Shaw ein Computer-Programm namens Logic Theorist präsentierten, das die Problemlösungsstrategien des Menschen bewusst imitierte – und damit mathematische Theoreme oft eleganter beweisen konnte, als es Menschen zuvor gelungen war. Logic Theorist besaß als erstes Computer-Programm die Fähigkeit, nicht nur Zahlen zu verarbeiten, sondern auch Symbole und Zeichen. Es legte damit eine der wichtigsten Grundlagen, um Rechenmaschinen menschliche Sprache und das Erkennen von Sinnzusammenhängen beizubringen. Doch auch dieser Durchbruch fand unter den anwesenden Forschern kaum Beachtung. Nicht einmal die Väter von Logic Theorist hatten wohl erkannt, wie visionär ihr Programm in dieser Hinsicht war.

Stattdessen entzündeten sich immer wieder Grabenkämpfe um den Begriff »Artificial Intelligence«. Zum ersten Mal aufgetaucht war er im Förderantrag für die Finanzierung der Konferenz. Der Wortschöpfer John McCarthy, ein junger Logiker und zusammen mit Marvin Minsky vom MIT und Arthur Samuel von IBM Initiator der Sommer-Akademie in Dartmouth, war mit dem Begriff ebenfalls unzufrieden. Doch besonders die Kurzform »AI« war griffig, verfing bei Journalisten und funktionierte auch in den kommenden Jahrzehnten immer hervorragend als Marketing-Label, wenn es galt, Forschungsmittel oder Investitionskapital für KI einzuwerben. Viele Teilnehmer reisten aus Dartmouth mit dem Gefühl ab, dass die Forschungsinhalte zu kurz gekommen waren. Das ändert im Rückblick nichts an der Tatsache: Die Konferenz war der Urknall der Künstlichen Intelligenz.

Zurück am Computer entwickelte John McCarthy die Programmiersprache LISP, auf der bald viele KI-Anwendungen fußten. An zahlreichen amerikanischen Universitäten wurden gut ausgestattete Institute gegründet. Die Carnegie Mellon University in Pennsylvania, das Massachusetts Institute of Technology und die Stanford University in Kalifornien wurden zu Zentren für Artificial Intelligence ausgebaut. Fast überall standen Teilnehmer der Dartmouth-Konferenz den neuen Institutionen vor. Mit der Euphorie kam das Geld. Das US-Militär und Firmen wie IBM investierten kräftig in intelligente Computer. Im jungen US-Fernsehen war alsbald ein klobiger Roboter von Westinghouse Electric zu sehen, der dem Zuschauer mitteilte: »Mein Gehirn ist größer als deins!« Auch in Europa und Japan liefen derweil die ersten Förderprogramme an. Mit dem Geld kamen die ersten Erfolge, die auch oder gerade Nicht-Technologen beeindruckten.

1959 schrieb Arthur Samuel ein Programm für das Brettspiel Dame, das es mit sehr guten Spielern aufnehmen konnte. Die Dame-Programme zuvor konnten kaum mehr als die Regeln und hatten gegen erfahrene Spieler auch nach vielen verbesserten Versionen keine Chance. Der Durchbruch gelang dem Elektroingenieur Samuel, indem er einem IBM-Großrechner beibrachte, gegen sich selbst zu spielen und dabei die Wahrscheinlichkeiten aufzuzeichnen, welcher Zug in welcher Spielsituation die Chancen auf Gewinn erhöht. Damit hatte ein

Mensch einer Maschine erstmals selbstständiges Lernen beigebracht, und Ansatz und Begriff »Maschinelles Lernen« war geboren. Bald hatte der Lehrer aus Fleisch und Blut gegen seinen Schüler aus Transistoren keine Chance mehr. Dies wiederholte sich bei vielen Spielen – Schach, Go, Poker – doch viel später als in der ersten Euphoriephase von KI-Wissenschaftlern angekündigt. Beim Schach sollte es bis 1996 dauern. Derweil vermeldete die Disziplin auch Erfolge aus Bereichen, die deutlich mehr praktischen Nutzen versprachen als clevere Spielprogramme.

Computer-Experten und Experten-Computer

Seit 1961 arbeitete der Roboter Unimate am Fließband von General Motors, der bereits relativ vielseitig einsetzbar war. Durch die Labors fuhr im Stanford Research Institute in Menlo Park wenig später Shakey, der erste teilautonome Roboter, der über Kameras und Sensoren seine Umgebung erkunden konnte und per Funk mit einem Zentralcomputer in Kontakt stand. Joseph Weizenbaum, in Berlin geboren und mit den jüdischen Eltern vor den Nazis in die USA geflohen, stellte 1966 den ersten Chatbot-Prototypen mit der Fähigkeit zur Verarbeitung natürlicher Sprache vor. ELIZA gelang es bisweilen bereits, sich in kurzen schriftlichen Konversationen als Mensch auszugeben. Berühmt wurde es in seiner Doctor-Variante, in der es einen Psychologen simulierte. Weizenbaum war selbst überrascht, dass viele Menschen dem relativ einfach gestrickten Programm intimste Geheimnisse anvertrauten, unter anderem seine Sekretärin. Vier Jahre später half das Expertensystem MYCIN Ärzten dabei, bestimmte Blutkrankheiten zu diagnostizieren und empfahl Therapien. 1971 zeigte Terry Winograd in seiner Doktor-Arbeit, dass Computer die Sinnzusammenhänge von englischen Sätzen in Kinderbüchern erschließen können, und in Stanford wurde ein erstes autonom fahrendes Auto vorgestellt. Und dennoch: Die Erfolge bleiben hinter den Ankündigungen und Ansprüchen zurück.

Die KI-Forscher hatten seit Dartmouth den Mund oft allzu voll genommen. Sie hatten Computer versprochen, die Texte übersetzen, Kunden beraten und Verwaltungsarbeiten im großen Stil übernehmen konnten. Sie wollten schlaue Roboter bauen, die wiederum Autos bauten, die von Computern gefahren werden könnten. Sie hatten angekündigt, dass Menschen bald Maschinen beliebige Fragen stellen können und der Computer dann die richtige Antwort gibt, und zwar so schnell und zuverlässig wie im Science-Fiction-Raumschiff. Anfang der 1970er Jahre hatte die Künstliche Intelligenz den Höhepunkt überzogener Erwartungen erreicht. Die Technologie konnte nicht liefern, was ihre Technologen versprochen hatten. Weder die Rechen- noch die Speicherkapazitäten reichten aus, um die theoretischen Konzepte in die Praxis umzusetzen. So konnten die Forscher nicht einmal ausprobieren, ob ihre Theorien überhaupt für die praktische Anwendung taugten.

Die Komplexität von Sprache und Denken hatte die KI-Gemeinde, das wurde zunehmend offenkundig, gewaltig unterschätzt. Es fehlte an digitalen Daten aller Art, die smarte Computer hätten verarbeiten können. Nicht einmal die Enzyklopädien waren damals digitalisiert. Und Roboter mussten erst einmal viel geschickter werden, bevor man darüber nachdenken konnte, sie ein wenig intelligenter zu machen. Es folgte der sogenannte »Winter der Künstlichen Intelligenz«.

Staatliche Forschungsprogramme wurden radikal zusammengestrichen. Die Computerindustrie investierte lieber in die Weiterentwicklung ihrer Hardware und in Software, die nicht nach Elfenbeinturm klang. Die KI-Forscher selbst verloren nicht nur Ressourcen, sondern auch ihre Strahlkraft als Helden des informationstechnologischen Fortschritts. Das tat ihnen offenkundig recht gut. Viele konzentrierten sich nun auf kleinere Etappenziele. Auch die Begrifflichkeiten fielen plötzlich bescheidener aus. »Regelbasierte Experten-Systeme« und »Maschinelles Lernen« klang nicht so glorreich wie Künstliche Intelligenz. Doch plötzlich klappte in eng abgesteckten Bereichen immer besser, was gerade nicht als große, die Welt vom Kopf auf die Füße stellende KI-Revolution angekündigt wurde. Der Computer wurde nicht über Nacht ein super-intelligenter Gesprächspartner, sondern ein halbwegs kompetenter Assistent für professionelle Aufgaben.

Expertensysteme leiteten aus einer Vielzahl von Informationen wie Falldaten zunehmend sinnvolle Handlungsempfehlungen ab. Dazu stellten sie programmierten Regeln folgend »wenn-dann-Beziehungen« her, etwa in der Art: Wenn laufende Nase, Halsschmerzen und Fieber, dann ist es eine Grippe und keine Erkältung. Aufbauend auf den Erfahrungen mit dem System MYCIN, kamen Expertensysteme mit immer komplexeren Regelarchitekturen für Lungentests, innere Medizin, die Analyse von Molekularstrukturen für Chemiker und Gesteinsformationen für Geologen auf den Markt. Expertensysteme halfen bald beim Konfigurieren von Computern und unterstützten erstmals Mitarbeiter in Callcentern.

1982 kam das erste kommerzielle Spracherkennungssystem auf den Markt. Es hörte auf den Namen Nuance, es verstand nichts, verschriftlichte aber gesprochene Sprache schon verhältnismäßig gut. An der Hochschule der Bundeswehr in München rüstete der deutsche Robotiker Ernst Dieter Dickmanns einen Mercedes Kleintransporter mit intelligenten Kameras aus, der auf einem Versuchsgelände völlig autonom fast hundert Stundenkilometer fahren konnte.

Trotz vieler erkennbarer Fortschritte im Kleinen, dauerte der Winter der Künstlichen Intelligenz deutlich länger, als es sich viele KI-Forscher Anfang der 1970er Jahre hätten vorstellen können. In den 1980er Jahren wurden gar im Roboter-verliebten Japan die Mittel für smarte Maschinen zusammengestrichen. Auch hier lautete die Bilanz bei den staatlichen und privaten Forschungsförderern: Hoch gezielt, wenig erreicht. Erst mit der zunehmenden digitalen Vernetzung der Welt wurde das Klima für die KI wieder milder.

1993 machte mit Netscape der erste Browser das Internet für jedermann zugänglich und schuf damit einen Raum mit ungeahntem Reichtum an digitalen Daten, die von Computern verarbeitet werden konnten. Die Rechner waren von der neuen Datenfülle auch nicht überfordert, denn die Rechengeschwindigkeiten der Chips verdoppelten sich gemäß dem Moorschen Gesetz alle zwei Jahre, während die Speicher immer günstiger wurden. Und dann sorgten immer bessere Datenverbindungen, zunächst per Kabel, später auch drahtlos für immer besseren Datenaustausch. Cloud-Computing machte schließlich Rechen- und Speicherkapazität weltweit verfügbar wie Strom aus der Steckdose. Zudem ermöglicht diese Datenverarbeitung auf verbundenen Servern, komplexe KI-Anwendungen auf kleinen Endgeräten wie Tablets oder Smartphones ablaufen zu lassen. Diese technischen Entwicklungen veränderten auch für die Künstliche Intelligenz das Spiel.

Rohe Rechengewalt

Ein Vorbote war Polly, ein sympathischer Roboter, der Besucher durch das Artificial Intelligence Lab des MIT führte, humorvoll mit ihnen interagierte und dabei auch Gefühle simulierte. 1997 betrat KI die Bühne der Weltöffentlichkeit: Der IBM-Computer Deep Blue schlug den amtierenden Weltmeister Garri Kasparov im Schachspiel. Im engeren Sinne war Deep Blue gar kein künstlich intelligentes System, das etwa aus eigenen Fehlern lernte, sondern ein extrem schneller Rechner, der pro Sekunde 200 Millionen Schachstellungen bewerten konnte. Die Maschine nutzte sogenannte Brute-Force-Algorithmen. Die Rechenleistung war brutal, das Ergebnis wirkte smart. Die Fernsehbilder vom Triumph eines Computers über den intelligenten Russen beflügelten die Fantasie von Forschern, Herstellern und Nutzern. Nun würde technisch möglich, wovon Pioniere wie Alan Turing kurz nach dem Zweiten Weltkrieg geträumt hatten: Intelligente Maschinen, die Bilder und Menschen erkennen, die Antworten auf komplizierte Fragen geben, die Texte in andere Sprachen übersetzen oder gar kreative Texte selbst schreiben können, die Fahrzeuge zu Land, auf dem Wasser und in der Luft steuern, die Aktienkurse vorhersagen und präzise Diagnosen stellen, wenn wir krank sind.

Jeopardy, Go, Texas Hold'em

Um die fundamentalen Fortschritte der letzten zehn Jahre zu erkennen und zu verstehen, hilft ein Blick auf den Wettkampf von Mensch und Maschine auf dem Feld der Game AI. Der Niederlage des Menschen im Schach folgte 2011 der Sieg des IBM Systems Watson beim amerikanischen Kult-TV-Quiz Jeopardy gegen die besten Quizzer der letzten Jahre. Im Unterschied zu Deep Blue war Watson ein aus Daten lernendes System, und seine große Leistung bestand nicht darin, blitzschnell Faktenwissen aus Wikipedia- oder Zeitungsartikeln heraussuchen zu können. Das können Computer schon lange. Zur Besonderheit bei der Spielshow Jeopardy gehören humorvoll, oft ironisch formulierte Quizfragen, bei denen Menschen mehrfach »um die Ecke« denken müssen. Watsons Sieg bei Jeopardy war deshalb vor allem ein Erfolg der KI-Forscher beim Knacken der für Computer so harten Nuss der Semantik-Analyse – also der Fähigkeit, menschliche Sprache zu verstehen und die Bedeutung von Worten und Sätzen in die richtigen Sinnzusammenhänge einzuordnen.

2016 verhalfen dann die Datenwissenschaftler von Google einem lernfähigen System zum Sieg über den weltbesten Go-Spieler. Bei dem asiatischen Brettspiel gibt es mehr Zugmöglichkeiten als Atome im Universum. Die kann auch der schnellste Supercomputer nicht vorausberechnen, und ein Mensch natürlich erst recht nicht. Beim Go ist deshalb eine Mischung aus Logik und Intuition gefragt. Begabte und erfahrene Spieler spüren, welcher Zug in einer bestimmten Situation der richtige ist. Sie erkennen oft unbewusst Muster wieder, die sie in vorangegangen Partien schon einmal gesehen haben. Die Intuition ist dann die Abkürzung zu ihrem Erfahrungswissen, das nicht explizit, sondern implizit in den Synapsen des Hirns gespeichert ist. Die Spieler können dann nicht erklären, warum der Zug aussichtsreich ist. Ihr Bauchgefühl trifft die Entscheidung.

Ein Computer kann nicht spüren, aber er kann viele Millionen Mal gegen sich selbst spielen, wie schon beim Dame-Programm Samuels. Googles AlphaGo baute so Erfahrungswissen auf, erkannte Muster und welche Spielstrategie zu ihnen passen könnte. Für Experten wirkten AlphaGos Züge mitunter besonders kreativ, hervorgebracht durch eine genialische Mischung aus Mustererkennung, Statistik und Zufallsgenerator. Seitdem ist klar: Intuition und vielleicht auch Kreativität sind (je nach Definition) auch keine Domäne des Menschen mehr.

Dass Computer auch besser bluffen können als die besten Pokerspieler der Welt, wissen wir seit Januar 2017. Da besiegte der Supercomputer Libratus der Carnegie Mellon University, trainiert von nur zwei Wissenschaftlern, die besten Pokerspieler der Welt in der Königsdisziplin des Kartenspiels, »Texas no-limit Hold'em«. Das Ereignis machte weltweit kaum Schlagzeilen, was seiner Tragweite nicht gerecht wurde. Denn Poker ist ein Spiel, bei dem die Qualitäten des intelligenten Geschäftsmanns zusammenkommen: Strategisches Denken, die Fähigkeit, Situation und Verhalten anderer Menschen einzuschätzen und Risikobereitschaft im richtigen Augenblick. Wenn die Maschine den Menschen im Poker schlägt, kann sie es auch bei Verhandlungen im Geschäftsleben.

Seit knapp zwanzig Jahren gibt es übrigens auch eine Art Weltmeisterschaft für den Turing-Test, den sogenannten Loebner Preis. Der Hauptpreis beträgt 25 000 Dollar für das System, das 30 Prozent der Juroren in einer fünfminütigen schriftlichen Unterhaltung davon überzeugt, es sei ein Mensch. Der Hauptpreis musste bislang noch nie ausgezahlt werden, aber es war schon öfter recht knapp. Ob Maschinen denken können, bleibt eine Frage, über die Philosophen wohl noch Jahrzehnte diskutieren werden. Dass eine intelligente Maschine die von Alan Turing gestellte Aufgabe löst, sich im Chat für einen Menschen auszugeben, ist wohl nur noch eine Frage von wenigen Jahren.

III. Wie Maschinen das Lernen lernen: Künstliche Neuronale Netze, Deep Learning, Feedback-Effekte

Die Rechenautomaten haben etwas von den Zauberern im Märchen. Sie geben einem wohl, was man sich wünscht, doch sie sagen einem nicht, was man sich wünschen soll.
Norbert Wiener, Mathematiker

Künstliche Gehirne?

1986 präsentierten die amerikanischen Psychologen David Rumelhart und James McClelland einen Computer, der Sprache ähnlich wie ein Kleinkind erlernte. Der Computer bekam dabei die Aufgabe: Bilde die Vergangenheitsform von (englischen) Verben. Eingefüttert wurden nur die Grundformen, also beispielsweise »start«, »walk« oder »go«. Die Wissenschaftler brachten dem System keine Regeln bei, sondern der Computer musste probieren und bekam dann freundliches Feedback zu seinen Lösungen und Beispiele anderer Verben, allerdings ohne die korrekte Lösung explizit zu erhalten.

Das System fand schnell heraus, dass viele Verben ihre Vergangenheitsform mit »ed« bilden, also »started« oder »walked«. Wie ein Kleinkind sagte es dann erst einmal »goed«, »buyed« und »readed« – und wurde von seinen beiden Vätern belehrt, dass es bei unregelmäßigen Verben in eine andere Richtung denken müsste. Je mehr Vergangenheitsformen unregelmäßiger Verben es beherrschte – »went«, »bought«, »read« – desto schneller kam das rudimentäre künstliche Sprachgehirn auf die richtige Lösung bei anderen. Nach 200 Durchgängen beherrschte es alle 400 Verben, für die Rumelhard und McClelland es trainieren wollten. Der Computer hatte Regeln und Muster selbst identifiziert, mit denen er die ihm gestellte Aufgabe lösen konnte. Genau darum ging es bei dem Experiment. Natürlich wäre es in diesem Fall einfach gewesen, die richtigen Lösungen vorzugeben. Bei 400 Verben lässt sich das mit einer Tabelle schnell händisch einprogrammieren. Aber der Computer sollte lernen, wie er mithilfe von Abgleich und Feedback selbst lernt. Genau das ist das Ziel von »Maschinellem Lernen«. Der Weg zu diesem Ziel ist allerdings sehr mühsam.

Menschen werden intelligent, indem sie lernen. Vielleicht können Maschinen das auch, wenn sie ähnlich wie Menschen lernen. Diese Vermutung hatten KI-Forscher schon in ihrer ersten Euphorie-Phase der 1960er Jahre, doch es folgte alsbald Ernüchterung. Je mehr Hirnforscher über die Funktionsweise des menschlichen Gehirns herausfanden, desto klarer wurde den Computerwissenschaftlern: Ein künstliches Gehirn zu konstruieren, das die Lernprozesse im Kopf des Menschen kopiert, ist kaum vorstellbar.

Das menschliche Gehirn ist das komplexeste Gebilde, das die Evolution hervorgebracht hat. Es besteht aus rund 86 Milliarden Nervenzellen, den Neuronen. Im Durchschnitt hat jede Nervenzelle mehr als tausend Verbindungen zu anderen Neuronen. Diese Verbindungen heißen Synapsen. Neuronen und Synapsen bilden ein unvorstellbar komplexes Netzwerk, die Informationen mithilfe von elektrischen Impulsen und biochemischen Botenstoffen speichern und abrufbar machen. Ein Neuron gibt dabei eine Information – genauer, einen elektrischen Impuls – nur dann an das nächste weiter, wenn ein bestimmter Schwellenwert erreicht ist, mit dem es von anderen Zellen in einem bestimmten Zeitraum »angesprochen« wurde. Sonst unterbricht das Neuron die Verbindung. Das ist durchaus vergleichbar mit der binären, digitalen Informationsverarbeitung im Computer, getreu dem Prinzip: 0 oder 1?

Vereinfacht dargestellt, läuft dieser Prozess der Informationsverarbeitung in unserem biologischen neuronalen Netzwerk wie folgt ab: Ein Kind sieht ein Pferd. Seine Mutter sagt das Wort »Pferd«. Im Neuronen-Netzwerk Gehirn wird dann eine Verbindung zwischen Sprachzentrum und visuellem Zentrum angelegt. Hat das Kind oft genug das Bild eines Pferdes mit dem Begriff dazu in Verbindung gebracht, ist die Verbindung fest im Hirn angelegt und wird immer aktiviert, wenn jemand Pferd sagt oder ein solches um die Ecke trabt. Später, wahrscheinlich im zweiten Schuljahr, wird das Kind neue neuronale Bahnen anlegen, die abspeichern: Pferd schreibt man P-f-e-r-d. In der dritten Klasse koppeln Neuronen und Synapsen das Bild und den deutschen Begriff mit dem englischen Wort »horse«. Das menschliche Gehirn lernt also im Wortsinn mit Assoziationen, mit Verbindungen. Es festigt sein gelerntes Wissen, je öfter eine Verbindung aktiviert wird, und es korrigiert vermeintliches Wissen, wenn es den Input bekommt: Diese Information ist falsch im Gehirn verdrahtet. Mit der Verknüpfung vieler unterschiedlicher Verbindungen kann es zunehmend auch abstrahieren. Kleine Kinder erkennen eine Comic-Maus als Maus, wenn diese einen Sombrero aufhat und einen Pistole am Gürtel, ohne dass ein älteres Geschwister es ihnen erklären muss.

Die Länge aller Nervenbahnen im Gehirn eines Erwachsenen beträgt rund 5,8 Millionen Kilometer. Das sind 145 Erdumrundungen. Die Evolution hat diese auf einem Volumen von weniger als 1,5 Litern untergebracht. Es ist auch heute nicht annäherungsweise erkennbar, wie der Mensch ein künstliches Gehirn mit vergleichbar vielseitigen Eigenschaften und vergleichbar niedrigem Energieverbrauch bauen könnte. Alle Versuche in dieser Richtung sind bis dato kläglich gescheitert. Was Maschinen aber heute sehr wohl können, ist, den assoziativen Lernvorgang im Gehirn, das Koppeln von gesprochener Sprache, Bildern, Schrift und vielen anderen Informationen mit den Mitteln der Mathematik und der Statistik zu imitieren.

Die Kraft der Grafikkarte

Das zurzeit wichtigste Hilfsmittel der menschlichen Maschinenlehrer sind sogenannte Künstliche Neuronale Netze (KNN). Ein solches Netz hatten schon Rumelhart und McClelland für ihr Verb-Programm benutzt. Der Ansatz stagnierte lange, unter anderem weil es keine Rechner gab, die viele Berechnungen in vielen Knoten genug schnell durchführen konnten. In den letzten Jahren hat sich der Ansatz aber rasant weiterentwickelt, unter anderem dank neuer, parallel arbeitender Prozessoren, den *graphics processing units* (GPUs), die eigentlich für Grafikkarten von 3-D-Computerspielen entwickelt und dann für Maschinelles Lernen angepasst wurden. Das Buzz-Wort im Silicon Valley hierzu lautet *deep learning*. Tiefes Lernen liegt technisch den meisten neuen Anwendungen zugrunde, denen zurzeit das Label Künstliche Intelligenz aufgeklebt wird.

Bei KNN und Deep-Learning-Verfahren wird das menschliche Gehirn mit seinen Nervenbahnen nicht mit elektronischen Leiterbahnen nachgebaut, wie oft fälschlich angenommen. Sie sind vielmehr ein statistisches Verfahren, bei denen Computersysteme Nervenzellen mit sogenannten Knoten simulieren, die in vielen Schichten hinter- oder übereinander angeordnet werden. In der Regel ist ein Knoten mit einer Teilmenge der Knoten der darunter liegenden Schicht verbunden. Durch die Schichtung entsteht ein »tiefes« hierarchisches Netzwerk. Wird ein Knoten in ausreichendem Maße aktiviert, gibt er das Signal an die verbundenen Knoten weiter. Aber genau wie die

Neuronen im Gehirn unterbricht er die Verbindung, falls die Summe der Signale, die er in einem bestimmten Zeitraum erhält, einen bestimmten Schwellenwert unterschreitet. Das Grundprinzip lautet also wie im Gehirn: Wo viele Signale ankommen, werden sie weitergeleitet, wenige Signale werden unterbrochen. Und wie der Mensch lernt ein künstliches Neuronales Netz durch Feedback.

Der Lernprozess läuft – ebenfalls stark vereinfacht dargestellt – wie folgt ab: Der Computer erhält die Aufgabe, Pferde auf Fotos zu erkennen. Dazu wird er zunächst mit Trainingsdaten gefüttert, in diesem Beispiel viele Bilder von Pferden, die als Pferde markiert sind. Aus diesen Daten extrahiert das Netzwerk zunächst ein sogenanntes Feature-Set der Physiognomie von Pferden: Körperform, Position der Ohren und Augen, Hufe an vier Beinen, kurzes Fell, langer Schweif usw. Dabei geht das Programm Schicht für Schicht vor. Die erste Schicht überprüft nur die Helligkeit der Pixel, die nächste sucht nach horizontalen oder vertikalen Linien, die dritte nach Kreisformen, die vierte identifiziert bereits Augen usw. Die letzte Schicht fügt dann die Elemente zum Gesamtbild zusammen. Auf diese Weise erstellt der Computer ein Vorhersagemodell, wie ein Objekt mit der Bezeichnung Pferd aussieht.

Wie ein Kind muss das System zunächst üben, ob es das Feature-Set richtig anwenden kann. Erkennt es ein Pferd, das es noch nie gesehen hat, bekommt es eine positive Rückmeldung und belässt es bei der kalibrierten Einstellung der Knoten untereinander. Hält es einen Hund für ein Pferd, wird mathematisch feinjustiert. Iteration für Iteration schärft das System so seine Fähigkeit, Muster in großen Datensätzen zu erkennen. Das ist das übergeordnete Ziel von Maschinellem Lernen. Computersysteme lernen aus Beispielen und können ihre Erkenntnisse nach der Lernphase verallgemeinern. Je öfter ein

Algorithmus die Lösung für das ihm gestellte Problem gefunden hat, desto genauer kann er die Aufgabe beim nächsten Durchgang erledigen.

Überwachtes und unüberwachtes Lernen

Bilderkennung ist nur ein Beispiel, bei dem Maschinelles Lernen zur Anwendung kommt. Neuronale Netze treiben den Fortschritt bei Robo-Bankberatung und Spotifys Musikempfehlungen voran. Sie decken Kreditkartenbetrug auf und sorgen dafür, dass Spamfilter unerwünschte Werbung aussortieren. In den meisten Fällen spielt der Mensch noch eine wichtige Rolle in der Trainingsphase der Systeme. Er muss den Systemen auf vielen Ebenen Hinweise geben, damit diese zu genaueren Ergebnissen kommt. Die Fachleute sprechen hier von »überwachtem Lernen«. Doch zunehmend lernen intelligente Systeme auch »unüberwacht«. In dem Fall suchen Algorithmen nach Mustern in Daten, ohne dass Menschen ihnen vorgeben, wonach sie suchen sollen. Sie erkennen dann Ähnlichkeiten und können Objekte automatisiert clustern – z.B. Äpfel auf Bildern finden, ohne sie zunächst der Bezeichnung Apfel zuzuordnen. Unüberwachtes Lernen ist für Anwendungsfälle besonders spannend, wenn der Mensch nicht weiß, wonach er suchen soll.

Das Verfahren kommt zum Beispiel auf dem Feld der IT-Sicherheit bei der Abwehr von Hackerangriffen zum Einsatz, wo es zunächst unbekannte Anomalien im Betrieb eines Computer-Firmennetzwerks aufdecken soll – um dann umgehend Alarm zu schlagen. Anders als überwachtes Lernen steckt unüberwachtes Lernen allerdings noch in den Kinderschuhen. Das Potenzial ist bis heute schwer abschätzbar, aber die Erwartungen sind groß. Yann LeCun, der Leiter der KI-Forschung bei Facebook vermutet, dass überwachtes Lernen »nur der Zuckerguss des Kuchens ist, unüberwachtes Lernen aber der Kuchen selbst«.

Im Idealfall erzeugt ein künstlich intelligentes System sich einen Teil der Daten selbst, aus denen es lernt. Ein besonders anschauliches Beispiel hierfür ist das Deep-Learning-System hinter dem Spielcomputer AlphaGo. Die Spielregeln bekam das Programm von Menschen als explizites Wissen zur Verfügung gestellt. Seine Grundfertigkeiten lernte es, indem Datenwissenschaftler ihm viele historische Partien und Standardsituationen in den Speicher gaben. Doch damit bringt es ein Go-Computer allenfalls auf die Spielstärke eines guten Hobbyspielers. Zum Weltmeister wurde AlphaGo, in dem er viele Millionen Mal gegen sich selbst spielte. Mit jedem Zug und Gegenzug erzeugte es weitere Datenpunkte, die in den Knoten seines Künstlichen Neuronalen Netzes gewichtet werden konnten.

Feedback schafft Datenmonopole

Für lernende Computersysteme gilt die menschliche Binsenweisheit: Versuch macht klug. Aus ihr wird wie beim Menschen allerdings nur dann eine Wahrheit, wenn das System überhaupt weiß, ob sein Versuch geglückt oder gescheitert ist.

Eine entscheidende (und oft übersehene) Rolle bei lernenden Computersystemen kommt daher sogenannten Feedbackdaten zu. Je öfter und genauer ein lernendes System Rückmeldung erhält, ob es die richtige Telefonnummer herausgesucht, tatsächlich die beste Strecke berechnet oder eine Hautkrankheit auf einem Foto korrekt diagnostiziert hat, desto besser und schneller lernt es.

Rückkopplung ist der technische Kern jeder automatischen Steuerung von Maschinen. Der amerikanische Mathematiker

Norbert Wiener legte in den 1940er Jahren das theoretische Fundament hierzu, die Kybernetik. Mit Feedbackdaten lässt sich jedes technische System kontrollieren und gemäß seiner Ziele neu ausrichten. Das hört sich komplizierter an, als es ist. Eines der ersten kybernetischen Systeme waren automatische Raketen-Abwehrsysteme der US-Armee, die britische Städte vor dem deutschen Marschflugkörper V1 schützten. Ein Radargerät erfasste die Rakete und gab der Flakkanone in einer permanenten Feedbackschleife Rückmeldung, wo sich die Bombe gerade befindet, und berechnete die weitere Flugbahn voraus. Die Kanone justierte sich gemäß der ständigen Feedbacksignale und löste im (hoffentlich) richtigen Moment den Schuss aus. Am Ende des Krieges holten Briten und Amerikaner so rund 70 Prozent der deutschen »Vergeltungswaffen« vom Himmel. Dankenswerterweise haben Feedback-Schleifen nicht nur militärische Innovationen hervorgebracht. Ohne sie wäre die Apollo nie auf dem Mond gelandet, kein Airbus würde sicher nach New York fliegen, keine Einspritzpumpe könnte Kolben im perfekten Takt mit Benzin versorgen, und auch keine Fahrstuhltür würde wieder aufgehen, wenn sich ein menschliches Bein eingeklemmt hat. Doch in keinem anderen Feld sind Feedbackdaten so wertvoll wie bei Künstlicher Intelligenz. Sie sind ihr wichtigster Rohstoff.

Feedbackdaten sind am Werk, wenn wir bei der Googlesuche anfangen, einen Begriff einzugeben, und uns Google sofort einen Vorschlag macht, nach was wir vermutlich suchen und welches unter Umständen der bessere Suchbegriff wäre. Denn viele andere Nutzer hatten dem Googlesystem bereits das Feedback gegeben: Das ist eine häufige Suche, denn sie haben bei Eingabe des gleichen Suchbegriffs einen Googlevorschlag mit Klick angenommen. Indem wir selbst dann einen Vorschlag annehmen, erzeugen wir ein weiteres Feedbackdatum. Wenn wir einen anderen Begriff tippen, machen wir das ebenfalls. Mit Feedbackdaten optimiert Amazon seine Empfehlungsalgorithmen und Facebook die Zusammenstellung der Posts, die ein Nutzer auf seiner Timeline sieht. Sie helfen PayPal immer besser zu prognostizieren, ob eine Zahlung betrügerisch sein könnte.

Die Summe aller Feedbackdaten erzielt im Zeitalter der Künstlichen Intelligenz eine vergleichbare Wirkung wie der Skaleneffekt für die Massenproduktion des Industriezeitalters und der Netzwerkeffekt für die digitale Wirtschaft der letzten 25 Jahre. Die Skaleneffekte haben die Stückkosten der physischen Produkte von Ford's T-Model über die Röhrenfernseher von Sony bis zum Smartphone von Huawei in einem Maße gesenkt, wie es sich wohl auch Frederick Winslow Taylor, der Erfinder des wissenschaftlichen Managements, kaum hätte vorstellen können. Der Netzwerkeffekt – umfangreich von den Stanford-Ökonomen Carl Shapiro und Hal Varian untersucht – führte die digitalen Plattformen von eBay und Alibaba über Facebook und WeChat bis Uber oder Didi zu Oligopolgröße. Netzwerkeffekt heißt: mit jedem neuen Teilnehmer wird eine Plattform attraktiver für alle, die sie nutzen. Je mehr Menschen WhatsApp nutzen, desto mehr weitere Nutzer zieht die App an, denn alle haben immer mehr Möglichkeiten, Freunde und Bekannte über die App zu kontaktieren oder an Gruppen-Chats teilzunehmen. Je mehr Smartphones mit dem Betriebssystem Android laufen, desto attraktiver ist es für Entwickler, Apps für Android zu entwickeln, was wiederum die Anziehungskraft des Betriebssystems erhöht.

Der Feedbackeffekt der Künstlichen Intelligenz wiederum führt dazu, dass Systeme immer smarter werden, je mehr Menschen oder Maschinen Feedbackdaten liefern. Sie stehen im Zentrum der Lernprozesse intelligenter Technologie. Digitale Rückmeldungen werden in den nächsten Jahren autonome Fahrsysteme, Übersetzungsprogramme, Bilderkennung zum

Beispiel für Diagnoseverfahren zur Marktreife führen. Und sie werden Gesetzgebern erhebliche Kopfschmerzen bereiten, denn ohne neue kartellrechtliche Gegenmaßnahmen führen sie langfristig fast unweigerlich zu Datenmonopolen. Die beliebtesten Produkte und Dienstleistungen werden am schnellsten besser, weil sie mit den meisten Feedbackdaten gefüttert werden. Das maschinelle Lernen ist gewissermaßen in die Produkte eingebaut, was im Umkehrschluss heißt: Innovative Newcomer werden gegen Platzhirsche der KI-getriebenen Wirtschaft nur noch in Ausnahmefällen eine Chance haben. Sich selbst verbessernde Technologie hebelt Wettbewerb aus. Menschen müssen eine juristische Antwort auf dieses technische Problem finden. Das letzte Kapitel kommt auf diese Frage zurück.

IV. Mensch fragt, Maschine antwortet: KI als Alltagsassistent, Verkäufer, Anwalt und Arzt

Und wie fühlt es sich an, tot zu sein?
Die Nachfrage des Chatprogramms ELIZA
auf die Behauptung: »Ich bin tot.«

Virtuelle Assistenten

»Alexa, erzähl mir einen Zungenbrecher.« Alexa muss nicht lange überlegen und sagt: »Brautkleid bleibt Brautkleid und Blaukraut bleibt Blaukraut.« Die leicht blechern klingende Frauenstimme in Amazons zylindrischem Lautsprecher verspricht sich natürlich auch nicht dabei. Alexa – genauer, das datenreiche System in der Amazon-Cloud hinter der Produktfamilie Echo – kann sehr viele sehr flache Witze erzählen. Zum Beispiel: »Sagt ein Ballon zum anderen: Ich habe Platzangst.« Der interaktive Lautsprecher singt auf Befehl eines Menschen auch gerne Weihnachtslieder. Über die komödiantischen Fähigkeiten von Amazon Echo wurde seit Einführung des Produkts 2015 viel gelacht und viel gespottet, je nach persönlicher Humorpräferenz. Über die weltverbessernde Relevanz von Flachwitzen, abrufbar durch Sprachbefehle dank natürlicher Sprachverarbeitung – im Fachjargon *natural language processing* (NLP) genannt –, lässt sich in der Tat streiten. Doch in der lärmenden Debatte über die spielerischen Funktionen des Systems wurde oft übersehen: Amazon Echo ist kein Spielzeug, sondern ein technischer Durchbruch auf dem Weg zu einem intelligenten Alltagsassistenten.

Mit Amazon Echo können Nutzer auf der Couch liegend per Sprachbefehl die Heizung höher stellen, das Licht dimmen und Alexa bitten, nach einer Netflix-Serie zu suchen, die ähn-

lich wie Narcos ist, aber nicht so brutal. Vor dem Kleiderschrank können sie das System rasch fragen, wie das Wetter wird, und in der Küche, mit beiden Händen im Kuchenteig, die Anweisung geben, frische Eier auf die Einkaufsliste zu setzen. Alexa liest die Nachrichten vor oder informiert, wenn die Lieblingsmannschaft ein Tor geschossen hat. Amerikanische Kunden können sich auch den Kontostand zurufen lassen oder eine Pizza bei Domino's bestellen. Das Sortiment des Amazon-Shops ist natürlich weltweit zugänglich, mit den bekannten Empfehlungsroutinen, aber es greift zu kurz, in Alexa eine reine Abverkaufsmaschine zu sehen. Auch lexikalisches oder zeitgenössisches Wissen lässt sich dialogisch abrufen. Das System führt dabei Informationen aus verschiedenen Onlinequellen wie Wikipedia oder News-Webseiten zusammen und versucht, diese in den gewünschten Sinnzusammenhang zu rücken.

Der Fachbegriff für Systeme wie Alexa ist *virtual assistant*. Oft werden sie auch nur kurz *Bots* genannt. Die digitalen Technologieriesen in den USA und in Asien liefern sich seit einigen Jahren einen harten Kampf um die Vorherrschaft bei sprachgesteuerten virtuellen Assistenten. Sie bauen riesige Teams von Datenwissenschaftlern und Experten für Maschinelles Lernen auf, übernehmen KI-Startups wie jüngst Samsung Viv, den kalifornischen Shootingstar unter den virtuellen Assistenten, oder schmieden überraschende Allianzen wie Microsoft und Amazon, die ihre digitalen Helfer künftig zusammen im Dienste des Nutzers arbeiten lassen. Den Aufwand betreiben diese Unternehmen nicht aus purer Freude am technischen Fortschritt, sondern auch aus Sorge um ihre unternehmerische Existenz. Den Strategen bei Apple (mit Siri), Google (mit Google Assistant), Microsoft (mit Cortana), Facebook (mit M) und Samsung (mit Bixby) ist heute klar, dass in Zukunft der Zugang zu vielen, vermutlich den meisten digitalen Diensten erfolgen wird wie im Raumschiff Enterprise: Mensch fragt,

Maschine antwortet. Wenn die Maschine das Frage-Antwort-Spiel nicht beherrscht, sucht sich der Mensch einen anderen Anbieter.

Nutzer erwarten dabei zum einen immer präzisere Antworten auf immer komplexere Problemstellungen. »Ok, Google. Ich will im März für drei Tage in die Schweiz zum Skilaufen fliegen. Welche Gebiete sind dann noch schneesicher, wo gibt es noch günstige Hotels, wann noch günstige Flüge und brauche ich einen Mietwagen, um vom Flughafen Zürich ins Skigebiet zu kommen?« Für die Antwort muss ein virtueller Assistent keinen Turing-Test bestehen, sondern zuverlässig Informationen recherchieren, aggregieren und gemäß der Vorgaben als Entscheidungsgrundlage aufbereiten. Zudem besteht berechtigte Hoffnung, dass wir eine Reihe nicht ganz so komplizierter, aber lästiger Alltagsentscheidungen nicht mehr selbst treffen zu müssen, sondern dass wir diese an intelligente Maschinen delegieren können. *Virtual assistants* werden rechtzeitig Druckerpatronen nachbestellen, keine Zahlungsfrist einer Rechnung übersehen, aber auch deutlich öfter merken als der Mensch, wenn die Rechnung zu hoch ist, und dann die Zahlung verweigern.

Eine Vorahnung, wie intelligente Agenten künftig nervige Alltagsaufgaben übernehmen, geben Terminkoordinierungsassistenten wie »Amy« oder »Julie«. Zielgruppe sind Menschen, die keinen menschlichen persönlichen Assistenten haben. Die Nutzer geben diesen KI-gestützten Diensten Zugriff auf den Kalender und das Email-Programm. Terminvereinbarung läuft dann wie folgt: Eine Anfrage für ein Treffen kommt per Email. Der Nutzer stimmt grundsätzlich per Mail zu und setzt dabei »Amy« oder »Julie« in »cc«. Von nun an übernimmt der künstlich intelligente Assistent das übliche Email-Ping-Pong, bis Ort und Zeit mit Geschäftspartnern ausgemacht sind oder klar ist, wer wen wann unter welcher Nummer anruft. Erweiterte Systeme versprechen zudem, die gesamte Tagesplanung zu übernehmen, Termine zu priorisieren und unter Umständen zu verschieben, dem Nutzer in Meetings relevante Informationen vorzulegen und auf Versäumnisse hinzuweisen. Zumindest Terminkoordinierung funktioniert bereits heute recht gut. Nahezu perfekt klappt es, wenn zwei virtuelle Assistenten im Auftrag ihrer menschlichen Chefs miteinander koordinieren. Computer können nach wie vor am besten mit Computern. Gleichzeitig gilt: Immer mehr Menschen hören auf die Ratschläge von Computern, und zwar nicht nur bei eher trivialen Fragen, etwa, ob es besser ist, auf der Autobahn den Stau durchzustehen oder die deutlich längere Ausweichstrecke über die Bundesstraße zu nehmen – eine Prognoseanwendung, die besonders Google dank seiner Fülle an Echtzeitdaten aus den Smartphones mit Androidbetriebssystem relativ leicht weitgehend genau errechnen kann.

Die Verkaufsmaschine

Es ist freilich kein Zufall, dass Amazon hunderte Millionen Dollar in die Entwicklung von Echo gesteckt hat. Allerdings ist es auch kein Zufall, dass just dieses System so viel Erfolg hat. Seit seiner Gründung 1996 hat es Amazon wie kein zweites Unternehmen verstanden, aus Daten die Bedürfnisse seiner Kunden zu ermitteln. Seit Einführung seines personalisierten Empfehlungssystems 1998 leitet das Unternehmen aus diesem Wissen über Kunden immer passgenauere Schlüsse ab, welches Produkt es einem bestimmten Nutzer zu welchem Zeitpunkt zu welchem Preis anbieten muss, um die Wahrscheinlichkeit zu erhöhen, dass dieser auf den Kaufknopf klickt. Genaue Zahlen, wie gut diese virtuelle Empfehlungsmaschine beim größten Onlinehändler der westlichen

Welt funktioniert, gibt Amazon nicht bekannt. Experten gehen davon aus, dass rund ein Drittel aller Verkäufe durch Kaufempfehlungen des Systems angestoßen wird. Ein so hoher Wert ist nur möglich, wenn Kunden die Empfehlungen tatsächlich als überzeugenden Ratschlag empfinden, und eben nicht als lästige Onlinewerbung, die uns auf unseren Streifzügen im Netz verfolgt und uns Produkte anbietet, die uns kein bisschen interessieren oder die wir unter Umständen sogar bereits gekauft haben. Digitales Marketing mit seiner dümmlichen Penetranz hat in den letzten Jahren auf der einen Seite viel verbrannte Erde bei Kunden hinterlassen. Auf der anderen Seite spornt der schlechte Ruf der Online-Werbung innovative Unternehmen an, tatsächlich Intelligenz in die virtuelle Kaufberatung zu bringen.

Zu den Vorreitern gehört hier Stitch Fix. Das kalifornische Startup bietet seinen Kunden Mode in einem Abomodell an, im Fachjargon *curated shopping* genannt. Es verschickt regelmäßig Kisten mit fünf Kleidungsstücken, von denen die Kunden so viele behalten können, wie sie wollen. Das Unternehmen lebt also davon, dass die Kleider im Paket möglichst genau den Geschmack des Kunden treffen. Jede Rücksendung hingegen verursacht Kosten. Um die Trefferquote zu erhöhen, beschäftigt Stitch Fix über 70 hochbezahlte Datenwissenschaftler, die mit extrem komplexen Algorithmen und neuesten Methoden des Maschinellen Lernens die Prognose zu der Frage verbessern: Behält dieser Kunde dieses Kleidungsstück? Neben naheliegenden Datenquellen wie Fragebögen und dem bisherigen Kaufverhalten – also Feedbackdaten, welche Kleidungsstücke der Kunde in der Vergangenheit behalten oder zurückgeschickt hat – errechnet das System seine Vorschläge aus Instagrambildern, die der Kunde geliked hat. Die KI erkennt so mitunter Muster in den Bildern, die er Vorlieben zuordnen kann, die dem Kunden selbst nicht bewusst sind.

US-Warenhäuser wie Macy's und große Supermarktketten wie Tesco in Großbritannien oder Carrefour in Frankreich versuchen hingegen, mit Shopping-Assistenz-Apps die im Onlinehandel erprobten Empfehlungsmechanismen in die Welt der physischen Geschäfte zu übertragen. Diese Apps lassen Kunden den schnellsten Weg zum Shampooregal finden, falls Shampoo auf der gespeicherten Einkaufsliste steht oder der Kunde in der Gemüseabteilung per Sprachbefehl danach fragt. Manche Apps weisen ungefragt vor dem Rotweinregal darauf hin, dass heute kräftiger Roquefort im Angebot ist. Das Problem all dieser virtuellen Kaufberater ist freilich: Sie werden von Verkäufern zur Verfügung gestellt und stehen grundsätzlich im Verdacht, die Interessen des Verkäufers höher zu gewichten als die des Käufers. Die intelligenten unter den künstlich intelligenten Shopping-Helfern sind deshalb so programmiert wie ein seriöser Kaufmann, der an einer langfristigen Kundenbeziehung interessiert ist. Sie werden nicht versuchen, Kunden zu Kaufentscheidungen zu verleiten, über die sie sich im Nachhinein mit hoher Wahrscheinlichkeit ärgern.

Wünschenswert wären derweil mehr virtuelle Shopping-Assistenten, die händlerunabhängig beraten. Die Apps von Preissuchmaschinen, die Verbraucher automatisch auf Sonderangebote von Produkten hinweisen, die sie vor einiger Zeit gesucht, aber dann nicht gekauft haben, verfolgen diesen Ansatz. Es gibt noch keinen Bot, der Konsumverhalten eines Verbrauchers systematisch über alle Produktgruppen beobachtet, aus Kaufentscheidungen Präferenzen und Preisbereitschaft immer besser kennen lernt, der weiß, dass das Klopapier in einer Woche aufgebraucht sein wird, und auch noch versteht, welche Routinekäufe er selbsttätig online in Auftrag geben soll und bei welchen gut aufbereitete Entscheidungsvorlagen für den Menschen gefragt sind – und der im Idealfall sogar noch mit dem Verkäufer über den Preis verhandeln kann. Für Datenschützer wäre ein solcher virtueller Agent der letzte Schritt zum gläsernen Verbraucher, der anfällig für viele Formen der Manipulation ist. Für alle, die ungern Zeit mit Shopping verschwenden, wäre er ein großer Gewinn. Wäre ein solcher KI-Berater tatsächlich ein Agent des Käufers und neutral gegenüber Verkäufern, fiele er auch nicht so oft auf dumme Marketingtricks rein wie wir Menschen.

Der Robo-Anwalt

Auf dem Feld der künstlich intelligenten Rechtsberatung wächst das Angebot zurzeit rasant, vor allem in englischer Sprache. Der wohl erfolgreichste virtuelle Rechtsassistent der Welt hat den profanen, aber bezeichnenden Namen DoNotPay. Der Legal-Bot wurde von dem 19-jährigen Stanford-Studenten Joshua Browder programmiert und unterstützte seine amerikanischen und britischen Nutzer zunächst bei Einspruchsverfahren gegen Parkknöllchen, die nach Einschätzung der Parkenden zu Unrecht verhängt wurden. Im Dialog fragt der Chatbot alle relevanten Informationen ab und spuckt nach wenigen Minuten einen individuell begründeten, örtlich angepassten und juristisch wasserdichten Einspruchsbrief aus. Den muss der Nutzer dann nur ausdrucken, unterzeichnen und abschicken. Binnen zwei Jahren wehrte der Roboter-Anwalt auf diese Weise rund 375 000 Bußgeldbescheide ab. Inzwischen erweiterte Browder die Kompetenz des Legal-Bots vom Verkehrsrecht auf viele andere Rechtsfelder wie Ansprüche gegen Fluglinien, Anträge auf Mutterschutz, Mietsachen und Einspruchshilfe für abgelehnte Asylbewerber in den USA und Kanada. Beim eigenen Honorar wird der Jura-Bot seinem Namen ebenfalls gerecht. Der Service ist kostenlos – unter anderem, weil IBM den Stanford-Studenten seine KI-Plattform Watson kostenlos nutzen lässt.

DoNotPay ist nur ein Beispiel von Tausenden Bots und Programmen, die juristische Arbeit verrichten. Der Boom bei sogenannter *LegalTech* hat zwei einfache Gründe. Juristische Expertise ist teuer, es lässt sich also viel Geld damit verdienen. Zweitens eignet sich die Juristerei besonders gut für Automatisierung mithilfe künstlicher Intelligenz, denn sie baut auf präzise formulierten Regeln (den Gesetzen und Verordnungen) in einer stark formalisierten Sprache auf, und es gibt viele schriftlich dokumentierte Fälle, Kommentare und Verträge, die Maschinen mit Fähigkeit zu Mustererkennung zum Vergleich heranziehen können. Zurzeit wird der größte Teil intelligenter *LegalTech* von Profis genutzt, also von Anwälten und Unternehmensjuristen, die mit ihr Verträge nach Fallstricken überprüfen, Berge von Dokumenten für die Unternehmensprüfung durchforsten oder auch Wahrscheinlichkeiten berechnen lassen, bei welchem Gericht sie eine Klage einreichen sollten, um die Aussicht auf Erfolg zu erhöhen.

Je umfassender die Kompetenzen der Rechts-Bots werden und je einfacher ihre Benutzeroberflächen, desto mehr werden Laien sie direkt nutzen. DoNotPay-Gründer Joshua Browder hat im Sommer 2017 seine KI-getriebene Chatbot-Technologie geöffnet. Jeder Rechtskundige kann nun ohne technische Kenntnisse selbst Anwendungen bauen. Ziel ist, dass DoNotPay bald in mehr als 1000 Rechtsbereichen vom Scheidungsrecht bis zur Privatinsolvenz schnell und unkompliziert helfen kann. Das soll ja nicht gerade die Stärke jedes menschlichen Anwalts sein. Ein kostenloser LegalBot hat zudem kein Interesse daran, einen Vertrag möglichst kompliziert zu gestalten, weil damit auch das Honorar stiege. Und es gilt: Es wird vielleicht noch lange dauern, bis Künstliche Intelligenz so schlau wie der beste und teuerste Jurist in einem bestimmten Fachgebiet ist. Aber bei Standardfällen schlägt KI bereits heute das menschliche Mittelmaß mehr als nur gelegentlich. Ist dies der

Fall, greifen die Mechanismen der digitalen Skalierung. Sind KI-Programme erst einmal entwickelt und lernen dann durch Feedbackeffekte laufend dazu, können sie kostengünstig vielen Menschen zugänglich gemacht werden – zumindest wenn die Betreiber das wollen. Fachwissen wird demokratisiert, ermächtigt Verbraucher und erhöht auch die Kompetenz der mittelmäßigen Fachleute. Das ist auch ein realistisches Szenario für die Entwicklung der Künstlichen Intelligenz in dem Bereich, in dem Maschinelles Lernen in den letzten Jahren wohl die größten Hoffnungen auf Fortschritt geweckt hat: in der Medizin.

Was fehlt mir, Dr. Watson?

Können Maschinen Krankheiten von Menschen besser diagnostizieren als Menschen? Viele Experimente und Studien besonders aus der Onkologie, Kardiologie und bei genetischen Krankheiten deuten darauf hin. Dank Deep-Learning-Verfahren mit Computer-Tomografie-Bildern lässt sich zum Beispiel das Tumorwachstum bei bestimmten Brustkrebsarten sehr viel genauer vorhersagen und damit deutlich bessere Entscheidungen für Therapien treffen. Doch das ist nur der erste Schritt auf dem Weg des medizinischen Fortschritts durch KI. Algorithmen haben bereits durch Mustererkennung in Zellproben Merkmale zur Unterscheidung von gutartigen und bösartigen Tumoren identifiziert, die der medizinischen Literatur bislang vollkommen unbekannt waren. Künstliche Neuronale Netze diagnostizieren also nicht nur, sie betreiben auch Spitzenforschung.

Große Hoffnung ruht auch auf der massenhaften Verbreitung von günstigen Sensoren, eingebaut in Standardprodukte, die massenhaft Daten liefern und damit die Grundlage für

KI-Gesundheitsinnovationen schaffen. Smarte Uhren können den Herzschlag eines Menschen rund um die Uhr analysieren und Alarm schlagen, wenn abweichende Muster einen Herzinfarkt speziell für eine Risikogruppe ankündigen. Die Zuordnung zur Risikogruppe ist wiederum nur dank Maschinellen Lernens innerhalb eines genanalytischen Verfahrens möglich, bei dem unvorstellbar viele genetische Daten in ein KNN eingefüttert wurden.

Künstliche Intelligenz kann auf MRT-Aufnahmen der Gehirne von sechs Monate alten Babys voraussagen, ob es als Kind oder Jugendlicher Autismus entwickelt, ein erheblicher Gewinn, denn je früher die Therapien beginnen, desto stärker können die Effekte eingedämmt werden. Perspektivisch könnte KI helfen, nicht nur die heute beste verfügbare Therapie für das Baby herauszusuchen, sondern ein auf Basis des individuellen Genoms maßgeschneidertes Medikament mit optimaler Wirkung zu entwickeln. Forscher und Startups arbeiten zudem mit Hochdruck an Big-Data- und Machine-Learning-Ansätzen, die den Ausbruch und Verlauf von Epidemien wie etwa Dengue-Fieber vorhersagen, so dass Gesundheitsbehörden rechtzeitig Gegenmaßnahmen einleiten und die Epidemie im besten Fall direkt am Ausbruchsherd eindämmen können.

Zusammengefasst lautet die Hoffnung: KI-Agenten werden sich durch Gen-Datenbanken, Patientenakten, wissenschaftliche Studien und Seuchenstatistiken fräsen, um Vorsorge, Forschung, Diagnose und Therapie auf ein neues Niveau zu heben. Allerdings ist auch hier, wie bei allen Meldungen zu medizinischen Durchbrüchen, Vorsicht geboten. Forscher und Gründer neigen auch hier zu Übertreibung, oft um der Selbstvermarktung willen. Aber noch bedeutender dürfte sein, dass kaum ein anderer Bereich so stark reguliert ist wie Medizin und Gesundheit – von der Qualifikation des medizinischen Personals und seinen Befugnissen über Zulassungsverfahren für

Medikamente und Gerätschaften bis zu besonders hohem Datenschutz bei den Patienten. Dafür gibt es sehr gute Gründe. Der Preis hierfür ist, dass der Weg für Neuerungen aus den Forschungslaboren in die Umsetzung in Krankenhäusern und Praxen weit und steinig ist.

In den USA nutzen 40 Prozent der niedergelassenen Ärzte und ein Viertel aller Krankenhäuser nach wie vor keine elektronischen Krankenakten. In Deutschland verhindert eine unheilige Allianz aus Datenschützern und Ärztelobby seit mehr als zehn Jahren die Einführung einer elektronischen Gesundheitskarte. Der wichtigste Rohstoff für KI-Innovationen im Gesundheitsbereich, die Daten von Patienten, sind in vielen rechtlich verschlossenen Datensilos in vielen unterschiedlichen Formaten gespeichert. Damit diese überhaupt für künstlich intelligente Anwendungen rechtskonform und technisch nutzbar werden, müssen sie in der Regel anonymisiert und dann aufwändig gesäubert und homogenisiert werden. Der komplizierte Zugang zu Daten in einem eigentlich datenreichen Forschungsfeld verzögert den medizinischen Fortschritt also zusätzlich zu den langwierigen Zulassungsverfahren.

Wenn es die Innovationen in die Praxis geschafft haben, stellt sich allerdings noch eine grundsätzliche Frage: Vertrauen wir dem datenbasierten Urteil eines Künstlichen Neuronalen Netzes mehr als dem eines erfahrenen Arztes, der uns vielleicht schon als Kind behandelt hat? Der Informatikstudent mag dies uneingeschränkt mit Ja beantworten. Er glaubt an Statistik. Viele Patienten werden sich mit der schrittweisen Übergabe der Entscheidungskompetenz vom Menschen auf eine Maschine schwer tun. Diagnoseärzte und Anwälte stehen immer sehr weit oben auf den Listen von qualifizierten Wissensarbeitern, deren Jobs durch KI-Automatisierung bedroht sind. Gleiches gilt für Wirtschaftsprüfer, Controller, Anlageberater, Versicherungsmakler, öffentliche Verwaltungsbeamte,

Sachbearbeiter, Verkäufer und – eine weitere Pointe der Technikgeschichte – auch für jenen Berufsstand, der KI-Systeme schafft, nämlich die Programmierer.

Wie bereits im ersten Kapitel angedeutet: Die ein oder andere Studie von Arbeitswissenschaftlern bewegt sich mit ihren Automatisierungsprognosen und den sich daraus ergebenden negativen Beschäftigungseffekten auf sehr dünner Datenbasis. Nüchtern betrachtet müssen KI-Systeme hohe Hürden überwinden, bevor Menschen ihren Urteilen und Entscheidungen vertrauen. In vielen Fällen wird es auch den meisten Nicht-Experten kaum möglich sein, künstlich intelligenten Ratschlag ohne Experten-Hilfe überhaupt einzuholen oder diesen sinnvoll einzuordnen. Wenn es um unser höchstes Gut geht, unsere Gesundheit, werden wir auf diese Einordnung kaum verzichten wollen. Aber wir werden von Ärzten verlangen, dass sie die besten KI-Systeme zu nutzen wissen, um ihre Therapien evidenzbasiert zu verordnen, und nicht auf Grundlage ihres Bauchgefühls.

Bei Stitch Fix treffen nach wie vor Menschen die endgültige Entscheidung über die Zusammensetzung der Kleidungsstücke in der Box. Tausende (menschliche) Stylisten legen jedem Paket eine persönliche Karte bei und stehen für Rückfragen zur Verfügung. Auch bei diesem Onlinevorreiter von algorithmisierter Verkaufsberatung ist man davon überzeugt: Menschen verkaufen am Ende doch besser als Maschinen, weil sie eine menschliche (Kunden-)Beziehung aufbauen.

Vielleicht wird die Welt mit weniger Juristen nicht zwingend ein schlechterer Ort. Wo liegt der volkswirtschaftliche und gesellschaftliche Mehrwert von immer komplizierteren Regeln, die von immer mehr Menschen interpretiert werden? »Die Rechtsindustrie macht mehr als 200 Milliarden Dollar Umsatz in den USA. Ich freue mich, dass wir das Recht kostenlos anbieten«, sagt DoNotPay-Gründer Joshua Browder und schiebt hinterher: »Die großen Kanzleien können darüber nicht glücklich sein.« Als Mandanten werden wir von Anwälten künftig fordern, dass sie ihre Dienste günstiger und in besserer Qualität anbieten, indem sie KI-Werkzeuge wie den LegalBot Ross einsetzen, der Anwälte bei der Großkanzlei Baker & Hostetler unterstützt.

In fast allen Wissensberufen, bei denen Entscheidungen automatisiert werden, lässt sich die Frage nach Massenarbeitslosigkeit von Wissensarbeitern auch umformulieren: Wie stellen Verkäufer, Anwälte und Ärzte sicher, dass sie mithilfe von KI mehr Menschen günstiger mit besserer Beratungsleistung helfen können? Der Leitgedanke hier ist: *augmented decision making* anstatt reine Automation. Ginni Rometty, die Vorstandsvorsitzende von IBM sieht die Dinge so: »Was einige Leute Künstliche Intelligenz nennen, ist in Wirklichkeit eine Technologie, die unsere Fähigkeiten stärkt. Eigentlich geht es nicht um Künstliche Intelligenz, sondern um die Erhöhung unserer Intelligenz.« Für Wissensarbeiter hieße das im Umkehrschluss, dass nicht Künstliche Intelligenz sie in den kommenden Jahren ersetzen wird. Tech-affine Verkäufer, Anwälte und Ärzte werden jene Kollegen ersetzen, die KI nicht als Entscheidungsassistenten intelligent zu nutzen wissen.

V. Kollege Roboter: Cyber-physische Systeme, Cobots und Maschinen, die Gefühle berechnen

Es ist toll, ein Roboter zu sein. Aber wir haben keine Gefühle.
Manchmal macht mich das traurig.
Bender, Roboter aus Futurama

Roboter in Rettungsmission

11. März 2011. Es ist Viertel vor drei nachmittags, als in Fukushima die Erde bebt. Im Kernkraftwerk Daichii fällt die externe Stromversorgung aus. Das technische Sicherheitspersonal im AKW registriert, dass die Notstromaggregate planmäßig anspringen und weiter ausreichend Kühlwasser zu den Brennstäben gelangt. 40 Minuten später flutet eine haushohe Tsunamiwelle das Innere der Reaktorblöcke. Das Meerwasser setzt die Notstromversorgung außer Betrieb, und das Kühlwasser in den Reaktorbecken beginnt zu verdampfen. Es bildet sich hochexplosives Wasserstoffgas. Verzweifelt versuchen die Sicherheitstrupps, Ventile zu öffnen und das Gas entweichen zu lassen. Per Fernsteuerung ist dies nicht mehr möglich. Im Reaktorgebäude ist die Strahlung bereits so hoch, dass die Trupps nicht mehr zu den Ventilen vordringen können, um diese per Hand zu öffnen. Rund 24 Stunden später explodiert das Gas in drei der sechs Reaktorblöcke. Die Kernschmelze in diesen Blöcken ist nicht mehr aufzuhalten.

Es ist unklar, wie viele Menschen in Folge des schwersten Atomunfalls seit Tschernobyl starben oder schwer erkrankten. 170 000 wurden evakuiert. Die Entsorgungsarbeiten werden voraussichtlich dreißig bis vierzig Jahre dauern und wohl 200 Milliarden US-Dollar kosten. Was wäre gewesen, wenn das Sicherheitsteam fähige Roboter in die überhitzten und ver-

strahlten Reaktorblocks hätte schicken können? Hätten sie die Ventile öffnen können und das Wasserstoffgas entweichen lassen? Wären die Roboter in der Lage gewesen, noch andere Notfallmaßnahmen einzuleiten, den Prozess der Notabschaltung wieder in geordnetere Bahnen zu lenken, und wäre es dann vielleicht nicht zum GAU gekommen, zum Größten Anzunehmenden Unfall – und die Folgen von Erdbeben und Tsunami weit weniger dramatisch? Diese Fragen stellten nicht nur japanische Zeitungen, sondern auch die Initiatoren der DARPA Robotics Challenge vom Forschungszentrum des US-Verteidigungsministeriums.

Ziel dieses Nachfolgewettbewerbs der Grand Challenge für autonomes Fahren war es, der Robotik im Katastrophenschutz einen kräftigen Entwicklungsschub zu geben. Dazu müssten sich Roboter in einer menschengemachten Welt im Ausnahmezustand bewegen können, also Treppen steigen, über Geröll klettern und Türen öffnen können. Sie müssten Unrat beiseite räumen, Kabel herausziehen und mit Werkzeug wie Bohrmaschinen hantieren. Und natürlich müssten sie Ventile öffnen und schließen können. Die DARPA stellte zudem die Anforderung, dass die Roboter auch in ein Auto steigen und autonom zum Katastrophenort fahren.

Ein Jahr nach Fukushima begannen die ersten Testläufe. 2015 schließlich trafen sich 23 Teams aus sechs Nationen in der Nähe von Los Angeles zum großen Finale in einer ehemaligen Pferdesport-Arena. Die humanoiden Roboter am Start mussten einen Aufgaben-Parcours durchlaufen, der sie auf einen Einsatz wie den in Fukushima vorbereitete. Dem Siegerteam winkten zwei Millionen Dollar Preisgeld. Tausende Zuschauer feuerten die stählernen, meist über 150 Kilogramm schweren Gesellen an wie Zehnkämpfer bei den Olympischen Spielen. Gar so schnell, ausdauernd und geschickt wie die menschliche Elite in der Königsdisziplin der Leichtathletik wirkten die Roboter mit humanitären Rettungsauftrag nicht.

Die Bilanz des Wettbewerbs fiel eher gemischt aus. Auf Twitter, Facebook und Youtube kursierten umgehend nach der Veranstaltung Video-Zusammenschnitte, bei denen die Kolosse ratlos vor einer Türklinke standen, an wenigen Treppenstufen scheiterten oder ohne erkennbaren Grund auf gerader Strecke umfielen. Ein Roboter verlor dabei sogar im Wortsinn den Kopf. Einige Beobachter merkten an, dass ein Kindergartenkind den Parcours wohl in weniger als zehn Minuten fehlerfrei absolvieren könne, mit Ausnahme des Autofahrens vielleicht. Doch festzuhalten bleibt: Mehrere Roboter schafften alle Aufgaben, und der schnellste, Hubo aus Südkorea, brauchte dafür 44 Minuten. Hubo hätte die Kernschmelze in Fukushima wohl kaum verhindern können. Aber er und seine Kollegen haben entscheidende Hinweise gegeben, wie der technische Entwicklungspfad dahin verlaufen könnte. Der frenetische Jubel in der Rennarena und die Häme im Netz sind derweil ein interessantes Spiegelbild des gespaltenen Verhältnisses, das wir Menschen zu Robotern haben.

Cyber-physische Systeme

Unsere Vorstellung von Robotern wird geprägt von Autoren und Filmregisseuren. Die Bilder in unseren Köpfen speisen sich aus Fritz Langs *Metropolis* und den durchdachten Fantasiewelten Isaac Asimovs. Sie arbeiten mit Kindchenschema wie »Wall-E«, sind Ausdruck höchster Bedrohung wie beim Terminator oder füttern gar romantische und erotische Fantasien wie die hübsche Ava aus *Ex Machina*. Diese popkulturellen Erwartungen schlagen dann hart auf dem Boden der technischen Realität auf, wenn wir sehen, wie langsam, ungeschickt und dumm sich kleinkindgroße Plastik-Humanoide bei Robo-Fuß-ball-Weltmeisterschaften die Bälle zuschieben und die Veranstalter jedes Jahr die Behauptung in den Raum stellen: »Spätestens 2050 wird der amtierende Fußballweltmeister keine Chance mehr gegen ein Roboterteam haben.« Der Fortschritt kommt derweil in weniger spektakulären Anwendungsfeldern als Atomkatastrophen und Fußballarenen voran. Die Spielstätten des Roboter-Fortschritts sind Industrie- und Lagerhallen, Krankenhausflure und Senioreneinrichtungen, Kohlegruben und Baustellen, Führerstände von Lokomotiven und Hotellobbys, Glasfassaden und Teppichböden, Obstplantagen und Rasenflächen. Die Agenten des Fortschritts sehen oft nicht aus, wie wir uns Roboter vorstellen, und ihre Entwickler nennen sie oft nicht einmal Roboter, sondern cyber-physische Systeme. Das sind Maschinen der physischen Welt, die von Datenströmen und digitaler Intelligenz gesteuert werden. Das selbstfahrende Auto ist das prominenteste Beispiel, aber auch Drohnen, intelligente Melk- und Erntemaschinen, autonom zirkulierende Gabelstapler und smarte Häuser sind Teil des rasanten Vereinigungsprozesses, der Atome und Bits auf intelligente Weise zusammen bringt.

Jedes Jahr sorgt die sogenannte Amazon Picking Challenge für großes Medienecho. Bei dem Wettbewerb müssen Roboter eine Vielzahl unterschiedlicher Objekte von Schokokeksen über Spülbürsten bis zu einem bestimmten Buchtitel erkennen, greifen und unbeschädigt in eine Box legen. Das ist interessant anzuschauen, doch gegen geübte menschliche Hände hat die Maschine hier zumindest zurzeit noch keine Chance. Inzwischen verrichten Flotten des Lagerroboters Kiva seit Jahren in Amazon-Logistikzentren zuverlässig Zubringerdienste. Kiva hat keine Arme und keinen Kopf. Er ist ein orangefarbener Rollwagen mit Hubfunktion, kaum größer als ein Staubsauger. Der transportiert bis zu 1500 Kilogramm schwere Regale mit bestellten Produkten zu Packstationen, an denen dann Menschen die Pakete zum Versand fertig machen. Die Lageristen müssen also nicht mehr durch die Gänge hetzen, die Regale kommen auf den flachen Transportrobotern zu ihnen. Ein Zentralrechner ermittelt basierend auf eingehenden Bestellungen laufend die optimalen Routen des Schwarms und dirigiert die einzelnen Hubwagen. Ein Mitarbeiter kann dadurch doppelt bis dreimal so viele Sendungen pro Stunde fertig machen, verspricht der Hersteller. Amazon hat das System so überzeugt, dass es den Roboter-Hersteller 2012 für knapp 800 Millionen Dollar kaufte und nun anderen Versendern die Hubwagen samt Regalsystem und Softwarepaket anbietet, um deren Logistik zu beschleunigen und dabei Kosten zu sparen.

In den australischen und chilenischen Kohlegruben des britischen Bergbaukonzerns Rio Tinto übernehmen selbstfahrende Kipper des japanischen Herstellers Komatsu eine ähnliche Funktion wie die Kiva-Wägelchen – nur in deutlich größerem Maßstab. Die Trucks in der Größe eines Doppelhauses und über 400 Tonnen Gewicht fahren autonom an die Bagger heran, warten bis sie beladen sind und bringen den Rohstoff dann zu Steinmühlen oder zu Verladestationen zum Weitertransport. Laut Rio Tinto ist der Betrieb rund 15 Prozent günstiger als mit Fahrern und der Einsatz der Laster wohl nur ein weiterer Schritt hin zum vollautomatischen Bergbau, bei dem ähnlich wie in smarten Fabriken nur noch wenige Menschen viele digital gesteuerte Maschinen überwachen werden. Bei Minen wird dieser Prozess besonders schnell voranschreiten, denn sie sind hoch regulierte Areale, in denen immer wieder die gleichen Arbeitsschritte erfolgen. Doch auch auf Baustellen mit deutlich komplexeren Abläufen packen immer mehr cyberphysische Systeme und Roboter an und erhöhen damit die Effizienz in beeindruckender Weise.

Um eine Großbaustelle von 16 Hektar zu vermessen, braucht ein traditioneller Vermessungstrupp rund eine Woche. Eine Vermessungsdrohne des Kasselaner Spezialdrohnenanbieters AIBotix erledigt dies in einem vollautomatischen Flug innerhalb von acht Minuten. Mit einem kleinen Unterschied: Die Drohne vermisst in ihrem vorprogrammierten Flug deutlich exakter, als es Menschen mit Nivelliergeräten und Messlatten können. Auch der australische Bauroboter Hadrian arbeitet deutlich schneller und zugleich präziser als Maurer. In zwei Tagen zieht er mit seinem 28 Meter langen Greifarm den Rohbau eines Einfamilienhauses hoch, Stein auf Stein, mit immer genau der richtigen Menge Mörtel und maximal 0,5 Millimeter Abweichung vom 3-D-Bauplan, der ihm sagt, wo die Kinderzimmerwand beginnt und die Kochnische aufhört. Ist das Haus erst einmal in Betrieb, kann eine intelligente Steuerung der Haustechnik zwischen 30 und 50 Prozent Energie einsparen. Smart Home-Systeme sind bis heute überraschend nutzerunfreundlich. Die Technologie breitet sich daher langsamer aus als erwünscht, aber das ändert nichts daran, dass die Idee richtig ist. In intelligenten Häusern geben Sensoren Bescheid, ob jemand im Raum ist oder Licht, Heizung oder Klimaanlage herunter gefahren werden können. Ein wirklich smartes Home ruft auch regelmäßig den Wetterbericht ab und berechnet, wie lange Wände, Böden und Decken einer gut geheizten Wohnung noch Wärme abstrahlen. Wenn eine Warmfront im Anmarsch ist, schaltet sich entsprechend früher die Heizung aus.

Besonders weit fortgeschritten ist die intelligente Robotisierung in der Landwirtschaft, und dies sowohl beim Pflanzenanbau als auch bei der Tierhaltung. Farming 4.0 und Precision Farming lauten die unter Landwirten gängigen Buzzworte dazu. Auch hier spielen Drohnen mit hochauflösenden Kameras und automatischer Bildauswertung dank KI eine wichtige Rolle.

Sie erkennen, wo gedüngt werden sollte oder Schädlinge bekämpft werden müssen. In Burgund schneidet der zweiarmige Weinbauroboter Wall-Ye bis zu 600 Reben täglich zurecht und speichert dabei Daten zum Gesundheitszustand der Pflanzen ab. Agrobots ernten Salat in Kalifornien und Erdbeeren in Spanien und dünnen in Deutschland Blüten von Apfelbäumen aus, so dass diese mehr Früchte ansetzen. Automatische Lenksysteme dirigieren Traktoren und Mähdrescher mit maximal fünf Zentimeter Abweichung über die gigantischen Weizenfelder des Mittleren Westens der USA, und krabbenartige Roboter mit nur wenigen Kilogramm Gewicht pflanzen mit exaktem Blick für Lücken Setzlinge, wo schweres Gerät nur Schaden anrichtet.

Futterautomaten gibt es freilich schon lange. Die neuen Generationen bestimmen die optimale Futtermenge automatisch mithilfe von Sensordaten. Melkroboter zapfen heute nicht nur effizient und hygienisch die Milch ab, sie erheben kontinuierlich die Milchleistung und Milchqualität jeder einzelnen Kuh und können so Rückschlüsse über die Gesundheit von Tieren ziehen und Landwirte frühzeitig darauf hinweisen, ob der Tierarzt zu rufen ist. Inzwischen können Maschinen immer besser mit Tieren umgehen.

Mensch-Roboter-Kollaboration

Der Aufstieg der Roboter, wie der US-Publizist Martin Ford den aktuellen Automatisierungsschub nennt, ist eng verbunden mit einer immer besser funktionierenden Mensch-Maschine-Interaktion. Das liegt weniger daran, dass wir Menschen die Maschinen besser bedienen können. Steiler scheint die Lernkurve auf der anderen Seite der Verbindung: Roboter und cyber-physische Systeme lernen, wie sie mit uns interagieren müssen, um größeren Nutzen zu bringen. Aus »robots« werden sogenannte »cobots«, die uns wie gute Kollegen zuarbeiten.

Vorreiter beim Einsatz sind Fertigungsbetriebe, die seit langem gute Erfahrung mit Robotern gemacht haben. Dazu zählen die Automobil- und die Elektroindustrie. Dort gab es seit der ersten Automatisierungswelle ab den 1960er Jahren durch Roboter eine strikte Arbeitsteilung. Die allenfalls rudimentär intelligenten Maschinen hämmerten und schweißten mit übermenschlicher Kraft hinter Gittern und Lichtschranken. Menschen übernahmen in anderen Zonen der Produktionshalle die filigraneren Arbeiten. Näherte sich der Mensch der Maschine, zum Beispiel weil beim Stanzen ein Blech verrutscht war und der Facharbeiter es richten sollte, musste der Roboter seine Arbeit einstellen. Eine Annäherung an rohe maschinelle Gewalt war viel zu gefährlich.

Seit einigen Jahren verlassen immer mehr Maschinen ihre Käfige. Sie werden kleiner, leichter und elastischer als ihre Ahnen. Der nur 25 Kilogramm schwere Roboter-Arm LBR iiwa des deutsch-chinesischen Herstellers Kuka reichte durstigen Besuchern der Hannover-Messe Weizenbier über die Theke. Zuvor spülte er die Gläser, öffnete die Kronkorken, goss das Bier ein, kreiste die Flasche, um die Hefe zu lösen und setzte mit dem letzten Schluck aus der Flasche die perfekte Schaumkrone auf das Glas. Die Zuschauer mussten auch nicht vor dem Arm geschützt werden. Sollte er in Berührung mit einem Menschen kommen, zuckt er umgehend zurück. Die sichere Interaktion mit Menschen macht neben der großen Geschicklichkeit den eigentlichen Unterschied.

Cobots sind »sozial«. Sie sind nicht nur programmiert, um Menschen bei bestimmen Tätigkeiten zu helfen. Sie merken zudem, wenn sie Menschen gefährden. Daher können sie direkt in die Arbeitsabläufe mit Menschen integriert werden und arbeiten Hand in Hand mit Facharbeitern. Im BMW-Werk in

Spartanburg in South Carolina hilft ein Cobot mit Spitznamen Miss Charlotte seit 2013 seinen menschlichen Kollegen dabei, Schallisolierungen in Türen einzupassen. In anderen Werken reichen auf Rollen bewegliche Roboterarme schwere Werkstücke an oder ziehen über Kopf Schrauben fest.

Damit Mensch und Maschine gute Kollegen werden, müssen sie einander verstehen. Eine Reihe Cobots reagiert auf Gesten. Eine Handbewegung reicht, und der Bot weiß, wo er hinzurollen hat. Die Cobots Sawyer und Baxter der Bostoner Firma Rethink Robotics lernen sogar Bewegungsabläufe, die ein Mensch ihnen vormacht. Ein Anwender muss also nicht programmieren können, um der Maschine eine Tätigkeit beizubringen. Die non-verbale Kommunikation kann bei Sawyer und Baxter aber auch in der anderen Richtung verlaufen, von Maschine zu Mensch. Die Cobots sind auf Höhe des Kopfes mit einem Display ausgestattet, das im Arbeitsmodus cartoonartige Augen anzeigt. Bevor die Maschine dann in eine bestimmte Richtung greift, richtet sie ihre »Augen« dorthin aus und sendet damit ein Signal, wie wir Menschen es in gleicher Situation ebenfalls täten und deshalb intuitiv verstehen. Diese Vermenschlichung eines Industrieroboters hat eine erwünschte Nebenwirkung. Die emotionale Akzeptanz bei den menschlichen Kollegen steigt – und damit die wichtigste Voraussetzung für eine gute Mensch-Maschine-Kooperation. Das haben auch die Entwickler von Pepper erkannt und ihm beigebracht, auf die Gefühle von Menschen angemessen zu reagieren.

Wenn Roboter Gefühle lesen

Pepper ist ein 1,20 Meter großer Humanoide auf Rollen mit großen Kulleraugen, Fünf-Finger-Händen und Tablet auf der Brust. Er wurde von der französischen Firma Aldebaran entwickelt, die 2015 vom japanischen Telekommunikations- und Digital-Konzern Softbank geschluckt wurde. Das besondere an Pepper: Das System analysiert Mimik, Gestik und Tonfall seines menschlichen Gesprächspartners und errechnet daraus, wie sein Gegenüber sich gerade fühlt. Wirkt der Mensch traurig, führt Pepper auch mal einen Tanz auf, um diesen aufzuheitern. Wie die smarten Lautsprecher Alexa oder Google Home verfügt Pepper über zunehmend gute Konversationsfähigkeiten. Je genauer das Themenfeld definiert ist, umso exaktere Antworten kann er geben.

In einer Filiale von Softbank berät Pepper beim Smartphone-Kauf, bei der französischen Bahn SNCF gibt er Fahrplanauskunft, auf Kreuzfahrtschiffen spielt er den Reiseführer mit Tipps für das Bordleben und Kurzvorträgen über die Reiseziele. Natürlich ist der Humanoide ständig mit dem Internet verbunden, um mit Suchanfragen die eigene Antwortkompetenz zu erhöhen. Inzwischen hat der Hersteller auch eine Kooperation mit IBM Watson abgeschlossen, so dass viele Anwendungen der KI-Plattform auch über eine spielerisch-physische Schnittstelle zugänglich werden. Dies soll Pepper unter anderem beim Einsatz in Schulen helfen, wo er mit Kindern Mathematik üben, Spanisch-Vokabeln abfragen und Kalligraphie unterrichten soll. Hier präsentiert sich Pepper als geduldig und motivierend, simuliert Empathie oder Strenge, wo es dem System für den Lernerfolg hilfreich erscheint. Und spätestens hier zeigt sich, dass hinter dem spielerischen Ansatz ernsthafte Fragen stehen.

Simulierte Empathie ist aber keine. In japanischen Pflege- und Seniorenheimen sind nicht nur ganze Armeen von Aufsteh- und Gehrobotern im Einsatz. Die plüschige Roboterrobbe Paro schenkt Demenzkranken Aufmerksamkeit und Zuwendung, die in der Regel nicht mehr verstehen, dass sie kein Haustier auf dem Schoß haben, sondern eine Maschine. Führt das unter Umständen dazu, dass sich Menschen seltener um die Person kümmern, weil simulierte Zuwendung reichen soll, um einen Patienten halbwegs bei Laune zu halten? Wenn futuristische Powerhandschuhe oder stützende Exoskelette Menschen mit Einschränkungen mehr Handlungsspielräume schaffen, werden wir das alle begrüßen. Doch wo verläuft die Grenze beim Delegieren von Aufgaben an Maschinen, die Gefühle von Menschen erkennen und mit simulierten Emotionen reagieren können? Wann überwiegen die Vorteile, gute Lernerfolge bei Kindern, wann die Nachteile der Entmenschlichung des Unterrichts? Wollen wir lieber von einem Roboter gewaschen werden, wenn wir alt und gebrechlich sind, oder doch von einer menschlichen Pflegekraft? Vor einer Maschine müssen wir uns nie schämen. Aber kann sie uns Trost spenden? Das sind keine theoretischen Fragen mehr.

Die Macht der Silikon-Klone

Pepper passt seine Reaktionen auf menschliches Verhalten dem kulturellen Kontext an. In Japan interagiert er zurückhaltend, in den USA kumpelhaft-direkt. Das ist clever und harmlos. Aber was passiert, wenn wir in bestimmten Situationen kaum noch echte Menschen mit echten Gefühlen von humanoiden Robotern unterscheiden können, wie es Hiroshi Ishiguro, der Popstar unter den Roboterentwicklern, mit seinen täuschend echten Silikon-Klonen anstrebt? Ishiguro sieht die Vermenschlichung von Robotern als notwendige Voraussetzung dafür an, dass wir wirklich gut mit ihnen kooperieren können. Er selbst hat sich liften lassen, um seinem nicht alternden Duplikat weiterhin zu gleichen wie einem eineiigen Zwilling. Derweil reisen beide um die Welt und halten Vorlesungen über humanoide Robotik. Die Zuschauer müssen aus der Entfernung raten, ob da nun der echte oder der falsche Hiroshi am Rednerpult steht.

Rasenmäh- und Fensterputzroboter werden unser Leben erleichtern wie der Fön oder die Spülmaschine. Die Umsatzentwicklung bei Industrierobotern war in den letzten Jahren hervorragend, und die Prognosen für die kommenden sind fantastisch. Die Unternehmensberatung ABI Research geht davon aus, dass sich die jährlichen Umsatzzahlen in den kommenden sieben Jahren verdreifachen werden. Die Anzahl der Cobots wird sich von 2016 bis 2020 nach einer Studie der britischen Bank Barclays voraussichtlich verzehnfachen. Das bedeutet, dass sich die Nutzung von Robotern in viel höherem Maße steigert, denn neue Roboter ersetzen in der Regel keine alten, sie schließen sich nur dem Heer der smarten Maschinen an. Die alten bleiben im Amt.

Das National Bureau of Economic Research rechnet wiederum vor, dass jeder neue, große Industrieroboter 5,6 menschliche Industriearbeitsplätze automatisiert. Beim deutschen Autobauer Volkswagen geht die betriebswirtschaftliche Rechnung so: Bei gleichem Output kostet eine Roboterstunde drei bis sechs Euro. Ein Facharbeiter kostet rund 50 Euro pro Stunde. 70 Prozent der EU-Bürger stimmten in einer Umfrage der Aussage zu: Roboter nehmen Menschen die Arbeitsplätze weg. 60 Prozent forderten, den Einsatz von Robotern bei der Betreuung von Kindern, Senioren und Menschen mit Einschränkungen zu verbieten. Gleichzeitig bekundeten 70 Prozent eine grundsätzlich positive Grundhaltung zu den maschinellen Gehilfen. Diese und andere Umfragen zeigen: Unser Verhältnis zu intelligenten Maschinen ist emotional ungeklärt. Darauf müssen die Maschinen reagieren.

Dem Transportroboter Fetch haben seine Entwickler beigebracht, sich gegen gemeine menschliche Kollegen zu wehren. Wird er geschubst und geschoben, halten seine Elektromotoren energisch dagegen. So ist es nahezu unmöglich, ihn eine Treppe herunterzustoßen, sollte sich bei der Belegschaft mal die Wut auf die Maschine Bahn brechen. Beim japanischen Roboterproduzenten Fanuc, wo im Übrigen auch viele Roboter Roboter bauen, beugen die Maschinen solcher Aggression durch soziale Interaktion vor. Die Roboter machen bei der betrieblichen Morgengymnastik vorbildlich mit. Mensch und Maschine lassen dort gemeinsam zum Takt der Musik die Arme kreisen. In einigen japanischen Seniorenheimen sind Roboter keine Tanzpartner, sondern die Vorturner bei der Gymnastik. In der alternden Gesellschaft gibt es schlicht nicht genug Fitnesstrainer, die den harten Job machen wollen.

VI. Superintelligenz und Singularität: Übernehmen Künstliche Intelligenz und Roboter die Macht?

Wir müssen uns nicht über exponentielle Fortschritte bei Künstlicher Intelligenz und Robotik Sorgen machen, sondern eher über die Stagnation bei menschlicher Intelligenz.
Anders Sorman Nilsson, Futurist

HAL macht ernst

Die Besatzung der Discovery ist irritiert. Auf dem Weg zum Jupiter wirkt Supercomputer HAL 9000 immer neurotischer. Offenkundig irrt er sich bei der Fehleranalyse des Antennenmoduls. Oder täuscht er den Irrtum nur vor? Die Crew erwägt, HAL abzuschalten, was die Künstliche Intelligenz allerdings mitbekommt. Sie kann Lippen lesen, was die Raumfahrer aber nicht wissen. Der Computer beschließt, dass er seine Mission zum Mars ausführen muss: unbeirrbar und allein. Was bleibt ihm anderes übrig, als die Besatzung im Schlaf umzubringen. Den Astronauten Dave sperrt er bei einem Raumspaziergang aus. Dave gelingt es mit Tricks und Verstand, durch eine Notluke doch wieder ins Raumschiff zu gelangen und in den Maschinenraum vorzudringen. Dort schaltet er ein Rechenmodul nach dem anderen ab. HAL regrediert. Am Ende summt die Künstliche Intelligenz nur noch das Kinderlied *Daisy Bell*.

Die Szene stammt aus dem Roman *2001: Odyssee im Weltraum* von Arthur C. Clarke. Weltberühmt wurde sie durch Verfilmung von Stanley Kubrick. In der deutschen Fassung singt der debile HAL übrigens *Hänschen klein*. Die Geschichte vom bösartigen Computer beruht auf einem alten Mythos. Der Mensch erschafft einen künstlichen Assistenten, der ihm

dienen soll. Doch der Assistent übertrumpft seinen Schöpfer, indem er lernt zu lernen und schließlich eigene Interessen entwickelt und sich eigene Ziele setzt. Plötzlich geht der Golem um. Frankensteins Kreatur war als Werkzeug konzipiert, doch sie wird zum Feind. In *Terminator* löst das Computersystem Skynet den Atomkrieg aus.

Nick Bostrom, Professor für Philosophie an der Oxford University, bietet in seinem Bestseller *Superintelligenz* die aktualisierte Version des Frankenstein-Mythos. Das Buch ist allerdings keine Science Fiction, sondern ein mühsam zu lesendes Sachbuch. Bostrom beschreibt darin verschiedene Szenarien, wie künstlich intelligente Systeme sich verselbstständigen können, sobald sie die kognitiven Fähigkeiten von Menschen übertrumpfen. In der harmloseren Szenario-Variante dauert diese Verselbstständigung Jahrzehnte oder Jahrhunderte. Das hätte den Vorteil, dass sich Menschen sozial und kulturell auf die neue intelligente Spezies einstellen könnten.

Für wahrscheinlicher hält der schwedische Denker jedoch eine »Intelligenzexplosion«. Sobald Maschinen schlauer sind als Menschen, könnten sie binnen Monaten, vielleicht sogar binnen Minuten immer intelligentere Versionen von sich selbst erschaffen. Rückkopplungsschleifen führten so zu exponentiellem Intelligenzwachstum, und das erste System, so spekuliert der Philosoph, hätte dann einen wahrscheinlich uneinholbaren Entwicklungsvorsprung. Der *first mover advantage* des Systems könnte dann einen sogenannten Singleton hervorbringen und damit »eine Weltordnung, auf der es auf globaler Ebene nur noch einen einzigen Entscheidungsträger gibt«. Bostrom hält es für wahrscheinlich, dass sich ein superintelligentes System gegen menschliche Eingriffe zu schützen weiß. Im Unterschied zu Ray Kurzweil, dem Erfinder, Google-Forscher und Leiter der Singularity University, hofft Bostrom nicht darauf, dass der Singleton die menschlichen Dinge im

Sinne der Menschen regelt und dies besser bewerkstelligt, als wir es selbst können. Menschliches Denken wäre der Superintelligenz vermutlich »so fremd wie uns Menschen heute das Denken der Kakerlaken«. Die Superintelligenz muss sich in diesem Szenario nicht einmal in bösartiger Absicht gegen den Menschen wenden, um seine Existenz zu gefährden. Es reichte bereits aus, wenn der Mensch der allmächtigen Maschine völlig egal wäre. Bostroms Horrorszenarien im Konjunktiv wirken mitunter leicht esoterisch, doch seine Kernbotschaft findet auch Resonanz bei Menschen, die sich mit intelligenten Maschinen auskennen.

Tony Prescott, ein Konstrukteur humanoider Roboter mit der Fähigkeit zur Selbstwahrnehmung, warnt vor *slippery slopes* der Technikentwicklung. Vermeintlich kleine Entwicklungsschritte könnten unabsehbare und unaufhaltsame Prozesse in Gang setzen. Microsoftgründer und Philanthrop Bill Gates empfiehlt Bostroms Buch als Lektüre, um ein Gefühl für das »KI-Kontroll-Problem« zu entwickeln. Teslagründer Elon Musk wiederum hält KI für »gefährlicher als Nuklearwaffen«. Zusammen mit dem Leiter der Startups-Schmiede Y Combinator, Sam Altman, hat Musk die Non-Profit-Organisation OpenAI ins Leben gerufen und mit einer Milliarde Dollar Kapital ausgestattet. Diese hat den Auftrag, Künstliche Intelligenz auf Open-Source-Basis so zu verbreiten, dass sie der Menschheit nützt und nicht schadet.

Intelligenzexplosion und Transhumanismus

Die überwiegende Mehrheit der KI-Forscher und Entwickler sehen in Bostroms Buch eine clevere Kombination aus Alarmismus und Selbstvermarktung. Auch Ray Kurzweils These zur kurz bevorstehenden Singularität halten sie mehrheitlich für wissenschaftlich und technisch unseriös. Kurzweil geht davon aus, dass Computer 2045 den Menschen in nahezu sämtlichen Fähigkeiten übertreffen und die Weltgeschichte in die Phase des »Transhumanismus« übergeht. Dann wird Menschen das Verdienst zukommen, eine gottähnliche Intelligenz geschaffen zu haben. Auch wenn die Mehrheit der Forschergemeinde grundsätzlich anerkennt, dass die Kontrolle von KI-Systemen eine Frage ist, die Wissenschaftler im Auge behalten müssen, so wehrt sie sich sowohl gegen das Spiel mit Vernichtungsphantasien als auch das mit Heilsversprechen von technoreligiösem Charakter. Sie wirft Apokalyptikern und Euphorikern gleichermaßen vor, von den tatsächlichen Entwicklungsprozessen und Schwierigkeiten in der schwachen KI wenig zu verstehen und deshalb den alten Phantasien der starken KI immer wieder auf den Leim zu gehen. Es gibt gute Gründe für Gelassenheit, und zwar sehr viel mehr als für Panik.

Zurzeit ist kein Entwicklungspfad erkennbar, der eine Intelligenzexplosion wahrscheinlich macht. Eine technische Voraussetzung wäre das exponentielle Wachstum von Rechnerleistung bei gleichzeitig immer weiterer Miniaturisierung der Chips. Doch das berühmte Mooresche Gesetz, nach dem sich die Leistungsfähigkeit integrierter Schaltkreise alle ein bis zwei Jahre verdoppelt, hat physikalische Grenzen. Leiterbahnen sind bereits heute nur wenige Atome dick. Ein wenig kleiner geht wohl noch, aber irgendwann greifen die Gesetze der Quantenmechanik, und die Teilchen kommen durcheinander, springen von Leiterbahn zu Leiterbahn, so dass die Signale nicht mehr sauber verarbeitet werden können.

Hirnforscher weisen darauf hin, dass bei allen Fortschritten in der KI im Grundsatz nach wie vor das Bonmot von Pablo Picasso gilt: »Computer sind dumm, denn sie können keine Fragen stellen.« Computer können Rechenregeln unfassbar schnell anwenden und damit bekannte Probleme lösen, aber unbekannte Probleme können sie nicht identifizieren. Sie erkennen Muster in gigantischen Datenmengen, doch im datenfreien Raum haben sie keine Orientierung. Eine wichtige Frage in diesem Zusammenhang lautet: Können Computer auch Regeln – und damit sich selbst – hinterfragen, wie es der Mensch mit kritischem Geist kann? Eine starke Künstliche Intelligenz müsste dieses Verfahren beherrschen, um sich immer wieder selbst neu zu erfinden, wie es der Mensch seit vielen Tausend Jahren macht. Und können Maschinen jemals wirklich Neues schaffen? Es gibt Ansätze zu künstlicher Kreativität, doch die Maschine würfelt dafür nur Vorschläge zu bekannten Problemen aus und fragt dann den Menschen, ob die Lösung gut ist. Auch hier ist nicht erkennbar, dass die aktuelle KI-Forschung eine Idee hätte, um Maschinen selbst in die Lage zu versetzen, wirklich innovativ zu sein, ohne dass der Mensch zuvor das Problem definiert.

Der Logiker und Philosoph Julian Nida-Rümelin vermutet, dass die Grenzen maschineller Intelligenz in dem Unvollständigkeitssatz von Gödel definiert sind. Wir können mathematisch beweisen, dass viele Probleme nicht logisch zu lösen sind und Aussagen in formalen Systemen nicht unbegrenzt ableitbar sind. Das heißt, es gibt immer Aussagen und Probleme, die weder bewiesen noch widerlegt werden können. Damit kann auch keine Maschine, die Probleme mit den Mitteln der Mathematik löst, diese Grenzen der Logik überspringen.

Der nachdenkliche und gesellschaftlich interessierte KI-Großmeister Andrew Ng bringt seine Haltung zur außer Rand und Band geratenden Superintelligenz mit einem Seitenhieb auf Elon Musk und seine Pläne für eine Kolonie auf dem Mars auf den Punkt: »Ich fürchte mich davor, wie ich mich vor Überbevölkerung auf dem Mars fürchte.« Und sicher ist sicher. Googles KI-Einheit DeepMind arbeitet an Konzepten, wie in Zukunft eingebaute Ausschalter die Systeme davor schützen können, auf die *slippery slope* einer sich verselbstständigenden Informationstechnologie zu geraten. Niemand weiß, wozu Rechner in ein paar hundert Jahren fähig sind. Aber das Getöse im Konjunktiv über das Ende der menschlichen Spezies durch Superintelligenz könnte eine unerwünschte Nebenwirkung haben. Es lenkt von den sehr realen Gefahren ab, die die rasche Entwicklung schwacher KI mit sich bringt. Die wichtigsten Gefahren lassen sich unter drei Schlagworten zusammenfassen: Monopolisierung von Daten, Manipulation des Einzelnen, Missbrauch durch Regierungen.

Wettbewerb und Datenmonopolkapitalismus

Seit Karl Marx wissen wir: Im Kapitalismus dominiert die Tendenz zur Marktkonzentration. Im Industriezeitalter halfen Skaleneffekte großen Unternehmen, immer größer zu werden. Henry Ford hat es vorgemacht. Je mehr T-Modelle er produzierte, desto günstiger konnte er den einzelnen Wagen anbieten. Je niedriger der Preis bei steigender Qualität, desto schneller stieg der Marktanteil. Die erfolgreichen Unternehmen der Massenproduktion übernahmen gerne Konkurrenten, um durch Zusammenführung weitere Größenvorteile zu erzielen und gleichzeitig Wettbewerb zu vermindern. Regierungen verfügten im 20. Jahrhundert mit dem klassischen Kartellrecht allerdings über ein wirksames Werkzeug, Monopole zu verhindern – sofern sie es denn wollten.

Im Zeitalter von Wissen und Information, also seit dem Digitalisierungsschub in den 1990er Jahren, kamen die Netzwerkeffekte immer stärker ins Spiel. Netzwerkeffekte erhöhen den Nutzen (digitaler) Dienste, je mehr Kunden der Dienst hat. Besonders den Betreibern digitaler Plattformen gelang es, Marktanteile zu erobern, von denen die Stahlbarone, Automobilhersteller oder Anbieter von Fertigpizza nur träumen konnten. In den letzten zwanzig Jahren erschufen die Superstar-Firmen Microsoft, Apple, Amazon, Google, Facebook auf den digitalen Märkten der westlichen Welt Oligopolstrukturen, zum Teil sogar Quasimonopole. In Russland dominiert Yandex die meisten digitalen Märkte. In China stiegen Tencent, Baidu und Alibaba mit staatlicher Unterstützung zu De-facto-Monopolen auf. Nationales und europäisches Kartellrecht erweist sich als machtlos dagegen. Das ist bereits heute höchst problematisch, aber es wird brandgefährlich für den Wettbewerb, wenn lernende Maschinen mit Feedbackdaten immer stärker zur Wertschöpfung beitragen. Künstliche Intelligenz schaltet der Monopolisierung den Turbo zu, weil sich die Produkte und Dienstleistungen mit eingebauter KI mithilfe von Feedbackdaten selbst verbessern. Je öfter sie genutzt werden, je mehr Marktanteile sie erobern, desto schwerer wird ihr Vorsprung aufzuholen sein. Die Innovation ist gewissermaßen im Produkt oder Geschäftsprozess eingebaut, was im Umkehrschluss heißt: Innovative Newcomer werden gegen die Platzhirsche der KI-getriebenen Wirtschaft nur noch in Ausnahmefällen eine Chance haben.

Ohne Wettbewerb kann keine Marktwirtschaft langfristig erfolgreich sein. Sie schafft sich selbst ab. Viktor Mayer-Schönberger, Professor für Internet Governance and Regulation an der Oxford University, und ich haben in unserem Buch *Das Digital* deshalb die Einführung einer progressiven Daten-Sharing-Pflicht für die Goliaths der Datenwirtschaft gefordert. Wenn digitale Unternehmen einen bestimmten Marktanteil überschreiten, müssen sie einen Teil ihrer (Feedback-)Daten mit ihren Wettbewerbern teilen – natürlich unter Beachtung des Datenschutzes und damit meist anonymisiert. Die Daten sind der Rohstoff der Künstlichen Intelligenz. Nur wenn wir den breiten Zugang zu diesem Rohstoff sichern, werden wir

Wettbewerb der Unternehmen und Vielfalt der KI-Systeme langfristig ermöglichen. Das ist doppelt wichtig. Wettbewerb und Vielfalt sind nämlich auch die Voraussetzung dafür, dass wir der zweiten großen Gefahr im Zeitalter der schwachen KI begegnen: Der Manipulation oder Übervorteilung des Einzelnen mithilfe von künstlich intelligenten Systemen.

In wessen Interesse handelt der KI-Agent?

In wenigen Jahren werden wir viele Entscheidungen im Alltag an aus Daten lernende Assistenten delegieren. Die Systeme werden Toilettenpapier und Hauswein ordern, denn sie kennen unseren Verbrauch. KI wird unsere Geschäftsreise organisieren und uns anbieten, alles nach kurzem Kontrollblick mit einem Klick zu buchen. Den einsamen Herzen wird sie Partner vorschlagen, die mit deutlich höherer Wahrscheinlichkeit interessant für sie sind, als die Vorschläge heutiger Single-Börsen. Doch wer garantiert uns, dass der Bot wirklich nach dem günstigsten Anbieter sucht? Vielleicht hat ein seltsamer Typ bei der Single-Börse ein Premiumpaket gebucht und wird deshalb algorithmisch bevorzugt? Und fährt das automatisierte Taxi uns an einem Elektronik-Shop vorbei, weil es weiß, dass wir uns für eine 3-D-Brille interessieren? Auf der elektronischen Werbewand erscheint womöglich just in dem Moment eine Werbung für 3-D-Brillen, wenn wir vorbeifahren und noch genug Zeit haben, zum Autopiloten zu sagen: »Bitte kurz bei Elektronik-Markt halten!« Oder würde gar eine Gesundheits-App falschen Alarm schlagen, um ein Medikament zu empfehlen, welches dann hoffentlich wenigstens nicht schädlich ist?

Zusammengefasst und etwas abstrakter formuliert stellt sich also die Frage: In wessen Interesse agiert der virtuelle Assistent? Heute werden die meisten Bots und digitalen Assistenten nicht von Unternehmen entwickelt und angeboten, die dem Kunden oder Nutzer neutral gegenüber stehen. In der Regel wollen sie im Auftrag ihrer Anbieter beraten und verkaufen. Das ist freilich legitim, solange dies transparent ist und wir nicht heimlich übervorteilt werden. In einer Welt mit vielen Assistenten werden wir aber schnell den Überblick verlieren, wer uns übervorteilen könnte. Denn wir werden gar nicht so genau wissen, wer uns eigentlich berät, wenn wir das Smartphone oder den intelligenten Lautsprecher auf dem Nachttisch um Rat fragen. Es wird uns oft genug egal sein, weil es so bequem ist, und wir werden für *nanny tech*, Kindermädchen-Technologie, die uns bevormundet, bisweilen sogar extra freiwillig bezahlen.

Jeder Einzelne wird lernen müssen, wo er die Grenze zu maschineller Bevormundung ziehen möchte. Die Verantwortung für technologische Selbstentmündigung tragen wir zunächst selbst. Staat und Markt werden allerdings sicherstellen müssen, dass Kunden eine große Auswahl an Bots haben, die dem Prinzip der Neutralität folgen wie heute anbieterunabhängige Preissuchmaschinen. Dazu wird es neue Gütesiegel geben müssen – und unlauter manipulative oder gar betrügerische Agenten müssen vom Staat abgeschaltet werden. Das setzt freilich voraus, dass der Staat ein Rechtsstaat ist und Künstliche Intelligenz nicht selbst nutzt, um seine Bürger zu betrügen.

Die digitale Diktatur

An der Schnittstelle von Staat und Bürger lauert die dritte und vielleicht die größte Gefahr: der staatliche Missbrauch von schwacher KI für Massenmanipulation, Überwachung und Unterdrückung. Das ist keine Science Fiction wie eine Superintelligenz, welche die Weltherrschaft übernimmt und den Menschen unterjocht. Die heute verfügbaren technischen Möglichkeiten für den perfekten Überwachungsstaat lesen sich eher wie ein Medley aus allen politischen Dystopie-Romanen seit George Orwells *1984*.

Der Staat kombiniert Überwachungskameras mit automatischer Gesichtserkennung und weiß, wer bei Rot über die Ampel geht. Dank autonomer Drohne kann die Überwachungskamera direkt folgen. Stimmerkennung bei Lauschangriffen identifiziert nicht nur, wer spricht. Das System kann auch noch sagen, in welchem emotionalen Zustand sich die sprechende Person befindet. Aus Fotos kann Künstliche Intelligenz mit hoher Trefferquote die sexuelle Präferenz herauslesen. Automatische Textanalyse in Sozialen Medien und Chats identifiziert in Echtzeit, wo gerade subversiv geredet und gedacht wird. GPS- und Gesundheitsdaten aus Smartphones, Zahlungsverkehr per App und Kredithistorie, digitalisierte Personalakten und polizeiliche Führungszeugnisse in Echtzeit liefern alle nötigen Informationen, um die Zuverlässigkeit eines Bürgers zu errechnen – und natürlich jede Menge Steilvorlagen für effiziente Geheimpolizeiarbeit. Über Social Bots zur Verbreitung personalisierter politischer Botschaften verfügt der digitale Allmachtsstaat natürlich auch.

Tyrannische Herrschaft braucht keine digitalen Werkzeuge. Das haben alle Unrechtsregime der Weltgeschichte eindrucksvoll unter Beweis gestellt. Doch im Zeitalter der intelligenten Maschinen stellt sich die Frage der Unterdrückung neu. Sie könnte viel subtiler daherkommen als in braunen Uniformen mit schwarz-weiß-roter Armbinde. Und noch viel umfassender informiert sein, als die Herren in grauen Windjacken und Wartburgs in der DDR. Daten weisen den Weg, wie der Staat den Bürger mithilfe verhaltenspsychologischer Tricks hin zu erwünschtem Verhalten manipulieren kann.

Chinas Überwachungsbehörden bauen gerade ein soziales Scoring-Modell auf, bei dem das Wohlverhalten von Bürgern mit Punkten belohnt wird. Bei Fehlverhalten gibt es Punktabzug: privat an der roten Ampel, beruflich am Schreibtisch oder politisch am Smartphone mit einem falschen Post auf WeChat. Die staatlichen Sittenwächter haben dabei Zugriff auf alle (sic!) Daten auf den Servern der privaten Unternehmen. Eine gute Bewertung – ausgedrückt in einem Scoring-Wert – hilft bei Beförderung und Kreditantrag bei einer Bank. Einem Bräutigam in spe hilft eine gute Punktzahl, wenn er beim künftigen Schwiegervater um die Hand der einzigen Tochter anhält. Ein schlechter Score führt zu intensiverer Beobachtung durch die Überwachungsbehörden – und vielleicht ins Gefängnis oder Arbeitslager.

Verblüffend aus westlicher Sicht ist, dass viele Chinesen das System gar nicht so schlecht finden, besonders wenn sie sich für anständige, den Regeln des verordneten Staatsverständnisses folgende Bürger halten und sich selbst Vorteile versprechen. In westlichen Demokratien mögen wir das als besonderes Alarmzeichen sehen, was passieren könnte, wenn uns radikale Parteien mit autoritärem Staatsverständnis an die Macht kämen und die KI-Werkzeuge für Massenmanipulation zur Verfügung hätten.

Eine neue Maschinenethik

Bis auf Weiteres müssen wir uns nicht vor Künstlicher Intelligenz fürchten, sondern vor Menschen, die sie missbrauchen. Es wurde in den letzten Jahren viel über eine neue Maschinenethik diskutiert und über die Frage, ob man und wenn ja, wie man Maschinen ethisch korrektes Verhalten einprogrammieren könne. Aufgehängt waren diese Debatten oft an konstruierten

Dilemma-Situationen nach dem Prinzip: Ein autonomes Fahrzeug steuert auf eine Mutter mit Baby im Kinderwagen und eine Gruppe mit fünf Senioren zu. Es muss entscheiden, wen es über den Haufen fährt: Mutter und Baby, die zusammen voraussichtlich noch 150 Jahre leben, oder die fünf Senioren mit einer kollektiven Lebenserwartung von 50 Jahren. Solche Gedankenspiele sind notwendig für die Technikfolgenabschätzung. Und sie erinnern uns daran, dass die Würde des Menschen unantastbar ist. Im Krieg darf ein General nach Abwägung die Entscheidung treffen, fünf Soldaten zu opfern, wenn er zehn dafür retten kann. Im zivilen Leben darf dies in der Theorie niemand. In der Praxis macht es ein Autofahrer, der bei überhöhter Geschwindigkeit und keiner Möglichkeit zu bremsen, sein Fahrzeug lieber in eine Menschengruppe steuert als gegen einen Betonpfosten.

Die Automatisierung von Entscheidungen ist in vielen Kontexten natürlich eine ethische Herausforderung, aber oft zugleich ein moralischer Imperativ. Wenn wir mit autonomen Fahrzeugen die Zahl der Verkehrstoten in zehn Jahren halbieren können, müssen wir das tun. Wenn wir dank maschineller Mustererkennung von Zellen vielen Krebspatienten das Leben retten können, dürfen wir diesen Fortschritt nicht von einer Ärztelobby verzögern lassen, die Angst um ihre Honorare hat. Und wenn KI-Systeme in Südamerika Kinder aus armen Verhältnissen das Rechnen lehren, dürfen wir nicht darüber lamentieren, dass es doch schöner wäre, wenn es dort mehr menschliche Mathematiklehrer gäbe.

Im Verhältnis von Mensch und Maschine ändert sich durch Künstliche Intelligenz im Grundsatz weniger, als es uns der ein oder andere KI-Entwickler weismachen möchte. Joseph Weizenbaum, der deutsch-amerikanische Erfinder des Chatprogramms ELIZA, schrieb 1976 den Weltbestseller *Die Macht der Computer und die Ohnmacht der Vernunft*. Das Buch war ein

Appell wider den mechanistischen Maschinenglauben seiner Epoche. Es verdient eine Neuauflage in einer Zeit, in der im Silicon Valley die Vorstellung einer technischen Vorherbestimmung der Menschheit wieder in Mode kommt.

Wir können Entscheidungen an Maschinen in vielen einzelnen Bereichen delegieren. KI-Systeme, gut programmiert und mit den richtigen Daten gefüttert, sind nützliche Fachidioten. Ihnen fehlt aber die Fähigkeit, das große Ganze zu sehen. Die wichtigen Entscheidungen, darunter jene über das Ausmaß der maschinellen Assistenz, bleiben menschliche. Oder allgemeiner formuliert: Künstliche Intelligenz kann uns das Denken nicht abnehmen.

Die Geschichte der Menschheit ist die Summe menschlicher Entscheidungen. Wir entscheiden normativ, was wir wollen. Das wird so bleiben. Das positive Weltbild für die nächste Entwicklungsstufe des maschinen-unterstützten Informationszeitalters müssen wir dabei nicht einmal neu erfinden. »Es ist ganz schlicht die Rückbesinnung auf die humanistischen Werte«, sagt der New Yorker Risikokapitalist, Buchautor und TED-Speaker Albert Wenger. Die lassen sich seiner Ansicht nach auf folgende Formel bringen: »Die Fähigkeit, Wissen zu schaffen, macht uns Menschen einzigartig. Wissen entsteht in einem kritischen Prozess. Alle Menschen können und sollen an diesem Prozess teilhaben.« Die digitale Revolution ermöglicht uns zum ersten Mal in der Menschheitsgeschichte, dieses humanistische Ideal in die Praxis umzusetzen. Indem wir Künstliche Intelligenz intelligent und zum Wohl des Menschen einsetzen.

Zum Autor

THOMAS RAMGE, geb. 1971, Wirtschaftsjournalist, schreibt vorwiegend für brand eins sowie The Economist. Er hat bislang zwölf Sachbücher veröffentlicht, darunter den Spiegel-Bestseller *Die Flicks* sowie die Standardwerke *Data Unser* und *Das Digital*.

Danksagung

Dieses Buch entstand unmittelbar nach Abschluss des Manuskripts von *Das Digital*, das ich 2016 und 2017 mit Prof. Dr. Viktor Mayer-Schönberger schreiben durfte. Viele Gedanken aus den Diskussionen mit Dir, lieber Viktor, haben auch in dieses Buch Eingang gefunden. Danke, schon wieder!

Der Mathematiker, Nachbar, Freund und Tennispartner Prof. Dr. Max von Renesse hat mit wissenschaftlich strengem Auge besonders auf die mathematisch-technischen Abschnitte des Textes geschaut. Danke, lieber Max, für wertvolle Hinweise, wie es besser und genauer geht.

Ich danke dem US-amerikanischen Germanisten Dr. Jonathan Green, dass er bei seiner Übersetzung des deutschen Textes ins Englische zusätzlich inhaltliche Feedback-Daten lieferte.

Der wunderbaren Illustratorin Dinara Galieva aus Kasan in Tartastan danke ich für die ebenso angenehme wie kreative Zusammenarbeit über viele Tausend Kilometer Distanz.

Thomas Hölzl von der Agentur Eggers half mir wie immer bei der Zuspitzung von Konzept und Ideen. Danke.

Liebe Anne, lieber Moritz, ich danke erneut für Eure Geduld.

Ausgewählte Quellen

Ryan Abbott / Bret N. Bogenschneider: Should Robots Pay Taxes? Tax Policy in the Age of Automation. In: Harvard Law & Policy Review. 15. März 2017. ssrn.com/abstract=2932483

Nick Bostrom: Superintelligence. Paths, Dangers, Strategies. Oxford 2014.

Erik Brynjolfsson / Andrew McAfee: The Second Machine Age. Work,

Progress, and Prosperity in a Time of Brilliant Technologies. New York 2014.

– The Business of Artificial Intelligence. In: Harvard Business Review. Juli 2017. https://hbr.org/cover-story/2017/07/the-business-of-artificial-intelligence

Christoph Drösser: Total berechenbar? Wenn Algorithmen für uns entscheiden. München 2016.

Ulrich Eberl: Smarte Maschinen. Wie Künstliche Intelligenz unser Leben verändert. München 2016.

Martin Ford: Rise of the Robots. Technology and the Threat of a Jobless Future. New York 2015.

Carl Benedikt Frey / Michael A. Osborne: The Future of Employment. How Susceptible Are Jobs to Computerisation? Oxford 2013.

Ray Kurzweil: How to Create a Mind. The Secret of Human Thought Revealed. New York 2012.

Wolf Lotter: Der Golem und Du. In: brand eins 7 (2016). https://www.brandeins.de/archiv/2016/digitalisierung/einleitung-wolf-lotter-der-golem-und-du

Viktor Mayer-Schönberger / Kenneth N. Cukier: Big Data. Die Revolution, die unser Leben verändern wird. München 2013.

– / Thomas Ramge: Das Digital. Markt, Wertschöpfung und Gerechtigkeit im Datenkapitalismus. Berlin 2017.

Andrew Ng: What Artificial Intelligence Can and Can't Do Right Now. In: Harvard Business Review. November 2016. https://hbr.org/2016/11/what-artificial-intelligence-can-and-cant-do-right-now

Cathy O'Neil: Weapons of Math Destruction. How Big Data Increases Inequality and Threatens Democracy. New York 2016.

Thomas Ramge: Management by Null und Eins. In: brand eins 11 (2016). https://www.brandeins.de/archiv/2016/intuition/intuition-im-management-by-null-und-eins/

The Return of the Machinery Question. In: The Economist (Special Report). Juni 2016. https://www.economist.com/news/special-report/21700761-after-many-false-starts-artificial-intelligence-has-taken-will-it-cause-mass

Carl Shapiro / Hal R. Varian: Information Rules. A Strategic Guide to the Network Economy. Boston 1999.